JN236499

新版 ソーシャルワークの業務マニュアル

実践に役立つエッセンスとノウハウ

大本和子・笹岡眞弓・高山惠理子 編著

川島書店

新版に当たって

　1996年にこの『ソーシャルワークの業務マニュアル』を出版して以来，いろいろなところで，多くのソーシャルワーカーの方々から，「まったく経験もない状態で一人職場に就職して，この『業務マニュアル』を頼りに仕事をしてきました」という声をいただきました。何とかして実践現場で役に立つ，業務の仕方をわかりやすく解説したマニュアルを作りたいという思いで，この『ソーシャルワークの業務マニュアル』を出版しました。わずかでも，ソーシャルワーカーの役に立てたことは私たちの喜びとするところです。
　ソーシャルワーカーは，たとえ社会福祉系の大学を卒業し，社会福祉学を学んできたとしても，また，「社会福祉士」や「精神保健福祉士」などの国家資格を取得したとしても，大学教育がソーシャルワーカーとしての実務教育を中心としていないため，多くの専門職に比べて即戦力の面でいちじるしく劣っているのが実情です。この点を補うものとして本書を出版いたしました。
　本書初版において，私たちは「ソーシャルワーク業務の標準化」，「ソーシャルワーク援助の質の保証」を目的に作成したと記しました。新版においてもこの点は変わりません。本書は，ソーシャルワーカーとしての責任を果たすために不可欠な業務の組み立て方に焦点を当てています。たとえ，実務経験のない新人ソーシャルワーカーが配属されてきても，病院を利用する患者・家族の方々に不利益をこうむらせることがないよう，ソーシャルワーク・サービスの質は標準化されなくてはならないと考えています。
　『初版　業務マニュアル』が出版されてからの8年の間に，保健医療分野のソーシャルワーカーをとりまく状況は大きく変化しました。「医療機能評価機構」の設置，「医療法」の改正による医療機関機能区分の明確化や「介護保険

法」の施行,「ケア・マネジメント」の普及,インターネットの普及や職場のIT化等々。なかでも「病院機能評価」が行なわれるようになったことによって,保健医療分野のソーシャルワーカーは,これまで以上に業務内容と結果が評価され,説明責任が求められることとなりました。「質の保証」が求められるようになったといえます。さらに,ソーシャルワーク部門としてマニュアルを作成することが求められるようになりました。それぞれの機関独自のマニュアル作成に向け,本書をたたき台として,大いに活用していただければと思います。

　この8年間に,「医療法」の改正による医療機関機能区分の明確化によって,業務の量的なバランスが変化してきています。ソーシャルワーカーは,これまで以上に的確かつ迅速に業務を遂行することが求められるようになってきています。また,「介護保険法」の施行や「ケア・マネジメント」の普及によって,ケア・マネージャー(介護支援専門員)という新たな専門職との協働が業務となりました。さらに,インターネットの普及,職場のIT化など,さまざまな環境の変化によって,情報収集,整理の仕方も大きく変化しました。

　このような時間の流れのなか,『初版　業務マニュアル』には今のソーシャルワーカー業務の実態にそぐわない点や,また,なかには表現の不十分さが目につくようになり,内容に手を入れる必要性を感じるようになり,今回改訂を行なうこととなりました。

　初版の出版以降に,多くの医療機関が新たにソーシャルワーカーを配置することや,あいつぐ介護老人保健施設の新設などによって,ソーシャルワーカーの数は大幅に増加しました。けれどもこのような新たに配置した機関では,大学を卒業したばかりの職業経験のないソーシャルワーカーが,機関内にスーパーバイザーもいない環境で,初めての業務を開始している場合が多いのではないでしょうか。そのような,相談するべき先輩もいないところで,手探りで業務をスタートさせているソーシャルワーカーの方々が,この『業

務マニュアル』を手にとって下さることを祈っています。

　なお，本書では，「クライエント」と「患者・家族」という用語を区別して使用しています。「クライエント」はソーシャルワーク援助・支援の対象者という面が前面に出ている場合に使用し，一方，「患者・家族」は，医療機関の利用者としての側面を強調する場合に使用しています。整理しつくせなかったことは今後の課題であると考えています。

　また，「心理・社会的サポート」の「面接」の項目では，現在，ソーシャルワーカーが多用している「短時間での面接」についてもっと取り上げるべきでしたが，これも今後の課題にしました。

　この『業務マニュアル』を使用して，実態に合わない場合は，どんどんご指摘をいただきたいと思います。より現状にあった『ソーシャルワークの業務マニュアル』を作成していきたいと思います。

　最後に，本書新版は編集長の黒川喜昭氏の辛抱づよい支えがあったからこそ，出版することができました。川島書店の加清鍾社長と黒川喜昭氏に心から感謝致します。

　　　　2004年1月吉日

　　　　　　　　　　　　　　　　　　　　　　　　　　　編著者一同

まえがき（第一版）

　ソーシャルワーカーの業務が多様であること，そのため専門性が確立しにくいことについては，多年語り尽くされています。そのため，専門性を確立するために，保健・医療の現場で働くソーシャルワーカーの performance standards（行為基準）を書きあらわした"望ましい job description（職務明細書）"を提案することが，長年の私たちの課題でした。

　たまたま新人ソーシャルワーカーにめぐりあったクライエントが不利益を被らないために，そしてソーシャルワーカーが行なっている業務を評価・点検する指標として，「この業務は，このような手順で実践する」といった行為基準を作成することが，何よりも重要だと考えたからです。job description（職務明細書）を作成することの目的は，ソーシャルワーク・サービスの一定レベルを確保する，いいかえれば quality assuarance（質の保証）です。業務を標準化することは専門職としての責務であると，私たちは考えます。

　今までも，ソーシャルワーカーの業務の実態を把握し，専門性を確立するという課題にむけて，さまざまなところで業務分析が行なわれ，多くの努力が費やされてきました。

　RSW 研究会もまたこの課題に取り組んできました。1970 年に設立された同研究会では，1986 年に「今，我々は何を行なっているのか，専門職としての業務とはなにか」をテーマに，job description project team を発足させ，1987・88 年には，10 分刻みですべてのソーシャルワーク業務をチェックするという手法の業務分析調査を行ないました。

　この過程で，ソーシャルワーカーが多様な業務を行なっていることを認識すると同時に，そのすべての業務がソーシャルワーク業務として意味がある

こと，すなわち，この業務の多様性の中にこそソーシャルワーカーの専門性があることに改めて気づきました。すべての業務は，ソーシャルワーカーとしての使命を果たすためになされていることに気づいたのです。

　このような認識をふまえて，調査であげられた57の業務項目を産業能率大学の古田博氏の提唱したワークフローモデルを参考に組み替え，ソーシャルワーク業務の全体像を明らかにすることを試みました。

　それはソーシャルワーカーの使命を文章化したうえで，すべての業務がソーシャルワーカーの使命の遂行に統合するように，57項目の行為をいったんばらばらにし，整理・分類するという作業を行なうことでした。そして，最終的にソーシャルワーカーの行為は39項目に整理されました。

　私たちは，この39項目を，「心理的援助」，「具体的サービスの提供」，「ソーシャルワークの記録の作成」，「報告・依頼・連絡文書の作成」，「情報収集」，「ネットワーキング」，「スーパービジョン」，「研究・学習」，「教育」，「宣伝」，「業務管理」という11の業務を遂行するための"方法"と位置づけ，さらに，11の業務を，クライエントに対する援助に関わる業務である「利用者への援助」，クライエントに対する援助を円滑に行なうために日頃から意識して行なっておくべき，「ソーシャルワーカーの日常的業務」，ソーシャルワーカーの業務を管理するための「業務の運営・管理」にまとめました。

　このようなプロセスの後，39の行為について"手順"を示したものが，このjob description（職務明細書）です。

　私たちは，保健・医療の現場で働く"ソーシャルワーカーの使命"を以下のように短く文章化しました。

　　「心理・社会的問題を持つ患者・家族・その他の利用者に対し，人間としての基本的な権利の保障という視点に立ち，療養生活の安定や社会生活上の困難の軽減・解決に向けて援助すること，ひいては，機関全体の全人的医療の実現に貢献すること。」

　価値を担う活動をするソーシャルワーカーとして，組織の中で働くソーシ

ャルワーカーとして，この使命のために業務が遂行されなくてはならないと私たちは考えたわけです。

　"手順"には，現場の事例から導かれた実践の原則や，なぜそのような原則を尊重する必要があるのかといったコメントをできるだけ詳細に書き込みました。これは，新人ソーシャルワーカーがマニュアルとして使用できるもの，つまり，performance standards（行為基準）の明確化を目指したからです。同様の目的で，アドバイスを加え，事例やコラムを適宜取り入れ，読者が業務を具体的にイメージできることを目指しました。

　本書は，job description project team のメンバーが，4年にわたり，グループで討議をくり返しながら書き上げたものをもとに，編著者たちがより詳細に書き込みを加えたものです。

　私たちの長年の課題だった本書の出版にあたって，わが国で多くのソーシャルワーカーを育ててこられ，今日のソーシャルワーク実践の礎を築いてこられた杉本照子・森野郁子のお二方の先生に監修の労をとっていただき，本書が充実したものとなったことは大きな喜びとするところです。また，川島書店の黒川喜昭編集長のご協力なくしては，本書は日の目を見ることはありませんでした。この場をかりて，心からお礼申し上げます。

　　　1996年9月

　　　　　　　　　　　　　　　　　　　　　　　　　　　　編著者一同

目　　次

新版に当たって …………………………………………………… i
まえがき（第一版）……………………………………………… iv

1章　心理・社会的サポート ……………………………………1
1．個別面接 ……………………………………………………2
1) 面接の準備——面接前の情報収集 ……………………2
2) 面接のすすめ方 ……………………………………………5
3) 電話を使うとき ……………………………………………11
4) 文書の利用 …………………………………………………14

2．合同面接 ……………………………………………………15
1) クライエントと院内スタッフとの合同面接 …………15
2) 家族面接①——家族で患者の問題について相談にきたとき …………16
3) 家族面接②——ソーシャルワーカーが家族面接を提案したとき ………16

3．グループを対象としたソーシャルワーク ……………21
1) グループワークを開始するまでの準備 ………………22
2) 初回セッション ……………………………………………24
3) 2回目以降のセッション …………………………………25
4) 終　　結 ……………………………………………………26

2章　具体的サービスの提供 ……………………………………31
1．社会資源の情報提供 ………………………………………32
1) 患者・家族との面接 ………………………………………33

2）社会資源の情報収集 …………………………………………33
　　3）情報の提供 ……………………………………………………34
　2．退院援助…………………………………………………………37
　　1）在宅療養のコーディネート …………………………………38
　　2）転院への援助 …………………………………………………40
　3．同行・代行………………………………………………………44
　4．訪　　問…………………………………………………………48
　5．医師の説明の場への同席 ………………………………………51
　　1）患者・家族から同席を求められた場合 ……………………51
　　2）医師から依頼された場合 ……………………………………52
　6．院内スタッフとの情報交換，協議 ……………………………55
　7．関係機関との情報交換，協議 …………………………………62
　8．ケース・カンファレンスへの参加 ……………………………67
　　1）他部門から参加を要請された場合 …………………………67
　　2）ソーシャルワーカーが開催する場合 ………………………67
　9．社会資源の開発・創出 …………………………………………69

3章　ソーシャルワーク記録の作成 ……………………………………73
　1．ケース記録の記入 ………………………………………………75
　　1）ケース記録の書き方 …………………………………………78
　　2）記録の管理の仕方について …………………………………82
　　3）電子カルテについて …………………………………………83
　2．グループに対するソーシャルワーク記録の記入 ……………84

4章　報告・依頼・連絡文書の作成 ……………………………………85
　1．院内職員に対するケース報告書の作成 ………………………85
　2．関係機関に対するクライエントへの継続援助の依頼文書の作成……87

3．社会保障制度の利用状況を関係する院内職員に知らせるための
　　　　文書の作成 ………………………………………………………… 88

5章　情報収集 ……………………………………………………………… 91
　　1．クライエントが利用できる制度等に関する情報収集・調査・
　　　　整理 ………………………………………………………………… 92
　　2．福祉施設・医療機関等の見学 ………………………………………… 96

6章　ネットワーキング …………………………………………………… 101
　　1．スタッフからのコンサルテーション ……………………………… 102
　　2．スタッフへのコンサルテーション ………………………………… 105
　　3．関係機関への情報提供 ……………………………………………… 107
　　4．定例カンファレンスへの参加 ……………………………………… 109
　　　1）初めて参加する場合 …………………………………………… 110
　　　2）毎回の参加に関する手順 ……………………………………… 111
　　5．回診参加 ……………………………………………………………… 112
　　6．地域の連絡会議等への参加 ………………………………………… 114

7章　スーパービジョン …………………………………………………… 117
　　1．スーパービジョンの機能 …………………………………………… 118
　　　1）運営管理的機能 ………………………………………………… 118
　　　2）教育的機能 ……………………………………………………… 118
　　　3）支持的機能 ……………………………………………………… 119
　　2．スーパービジョンの形態 …………………………………………… 119

8章　研修・研究 …………………………………………………………… 125
　　1．研　　修 ……………………………………………………………… 125

1）職能団体・学会の研修会等への参加 …………………………126
　　　2）ソーシャルワーカー同士の学習会の企画 ………………………129
　　2．研　　　究……………………………………………………………131

9章　教　　　育……………………………………………………………139
　　1．実習生の指導…………………………………………………………140
　　　1）実習前 ……………………………………………………………141
　　　2）実習中 ……………………………………………………………141
　　　3）実習後 ……………………………………………………………142
　　2．現任者の研修指導……………………………………………………146
　　3．講　　　義……………………………………………………………147

10章　広　　　報……………………………………………………………149
　　1．パンフレットの作成…………………………………………………150
　　2．広報用掲示板やポスターの設置 ……………………………………153
　　3．見学者へのオリエンテーション ……………………………………154
　　　1）ソーシャルワーカーがコーディネートする見学のオリエンテー
　　　　ション …………………………………………………………155
　　　2）見学プログラムの一部として実施するソーシャルワーク部門の
　　　　オリエンテーション ……………………………………………157
　　4．院内スタッフへのオリエンテーション ……………………………158
　　5．講　　　演……………………………………………………………160

11章　業務管理………………………………………………………………163
　　1．ケース台帳（ケース原簿）の作成 …………………………………164
　　2．日報・月報・年報の作成 ……………………………………………165
　　3．会　　　議……………………………………………………………168

4. 折　　衝 …………………………………………………………170
5. 部内会議・簡単なミーティング …………………………………175

12章　ソーシャルワーク業務の開発 ……………………………177
1. ソーシャルワーク業務の開発 ……………………………………178
2. ソーシャルワーク・ニーズを持つ患者のスクリーニング・
   システムの開発 ……………………………………………………183

巻末資料
A　医療ソーシャルワーカー業務指針 ……………………………187
B-1　退院援助用チェック・リスト（Ｉ）…………………………196
B-2　退院援助用チェック・リスト（Ⅱ）…………………………197
C　病棟との情報交換表 ……………………………………………198
D　フェースシート（表）……………………………………………199
E　フェースシート（裏）……………………………………………200
F　経過記録用紙 ……………………………………………………201
G　ソーシャルワーカー依頼・報告書 ……………………………202
H　ソーシャルワーク依頼票 ………………………………………203
I　日　　報 …………………………………………………………204
J　病院チェック・リスト …………………………………………205

チェック・ポイント一覧
初回面接前の情報収集のチェック・ポイント ………………………4
福祉施設・医療機関等の見学時のチェック・ポイント …………98

事例一覧

〈事例1〉 「ノー」といえないソーシャルワーカー …………7
〈事例2〉 一人暮らしの高齢者が入院し，絶縁状態の息子へ出した手紙 …………14
〈事例3〉 「隠された主訴」のとらえ方の例 …………19
〈事例4〉 相談するかしないかはクライエントがきめること …19
〈事例5〉 アルコール依存症のグループワーク …………27
〈事例6〉 キーパーソンをサポートする目的での病院見学同行 …………45
〈事例7〉 救急病院から転送入院になった男性に物品調達した例 …………48
〈事例8〉 医師の病状説明の場への同席・効果のあった場合 …53
〈事例9〉 医師の病状説明同席後にクライエントと医療者側の関係が悪化した例 …………54
〈事例10〉 他機関との合同カンファレンスの企画 …………68
〈事例11〉 人工透析患者の送迎ボランティア・グループをコーディネートした例 …………72
〈事例12〉 患者・家族へのプレッシャーを強化することなく転院援助の効率を上げるためのシステムを作った例 …………180

コラム一覧

非言語の情報について …………17
苦情について …………20
介護保険施設への入所について …………43

情報収集・交換・協議をスムースに行なうために ……………57
情報交換用シートを作成した例 ………………………………58
カルテやケース記録を読むこと …………………………………61
カルテを閲覧する場合 ……………………………………………61
クライエントを関係機関に紹介する場合………………………63
関係機関から情報の提供を求められた場合 …………………64
関係機関に情報提供しても良い場合……………………………64
面接中記録をとることについて …………………………………79
記録を未処理にしないために ……………………………………82
「理解のとぼしい」スタッフを味方につける方法 ……………104
スーパービジョンのための記録について ……………………122
他専門職との学習会・勉強会 …………………………………130
ソーシャルワーク部門以外のパンフレット作成を要請される
場合 ………………………………………………………………154
ソーシャルワーク依頼票をソーシャルワーカーのPR手段と
して活用する ……………………………………………………160
会議にすでに出席している場合と出席できない場合…………169

資料一覧

ソーシャルワーク部門に常備しておく書籍 ……………………94
ソーシャルワーク部門に常備しておく基本情報 ………………95
ソーシャルワークに関する雑誌 …………………………………128
どんなテーマが研究の対象になる？……………………………133
実習生指導マニュアル例…………………………………………143

1章　心理・社会的サポート

　疾病を契機として，または疾病に関連した悩みを持つクライエントを支援する方法には，大きく分けて面接をとおして行なわれる心理・社会的サポートと，社会資源の紹介など具体的サービスの提供という2つの方法があると思います。もちろん，両者は面接という形のなかで同時並行的に進むものですが，ソーシャルワークの原則にのっとった援助関係を築き，クライエントの行動や意欲を支え，苦悩の軽減をはかるという心理・社会的サポートの目的は普遍的なものであり，ソーシャルワークの根幹であるともいえましょう。「言語・非言語の，意図的なコミュニケーションによって成立する面接」は，時間の長短でその成否がきまるものではないことを肝に銘じましょう。

目　的
① ソーシャルワークの原則にのっとった援助関係を築く。
② クライエントの行動や意欲を支える。
③ クライエントの苦悩の軽減をはかる。

方　法
① 個別面接
② 合同面接
③ グループを対象としたソーシャルワーク

1. 個別面接

　個別面接は，他のさまざまな援助を行なうための基盤になる，クライエントとの1対1の援助関係を築くことを第一義として行ないます。この援助関係のなかで，ソーシャルワーカーは，クライエントと共に，達成すべき課題を明確にし，そのために何を行なう必要があるかをきめ，もし課題に取り組むことを阻んでいる情動的な問題がクライエントにある場合には，その問題を取り上げ，サポートします。

　クライエントは，自分からすすんで相談室のドアをノックする人ばかりではありませんが，依頼があって面接するという一般的な面接のポイントは以下のとおりです。

ポイント

1) 面接の準備——面接前の情報収集

　スタッフからの面接依頼と同時に，面接をしなければならない場合を除いて，面接に入る前に「来談するのはどのようなクライエントか」というクライエントに関する情報収集を行ない，クライエントと会うためのソーシャルワーカーとしての準備をします。こうすることで，たとえば初めて聞く疾患名のクライエントであれば，どのような疾患なのか事前に調べておくことが可能になりますし，もし，「苦手なクライエント」であれば（どんな人を，またはどんな問題が苦手なのかを知っていることが大前提ですが），そう認識することで，クライエントに重大な不利益をもたらすことが避けられます。

　さらに，クライエントがどのようなバックグラウンドの人なのかを確かめながら，クライエントのおかれている立場を共感的に想像するという「共感の先取り」（ジャーメイン）を行なうこともできます。

　スタッフから間接的に得たクライエントに関する情報をもとに，アセスメ

ントを行なってしまうことは，初心者の陥りやすい失敗です。あくまでも，クライエントに関するアセスメントは面接をとおして行なうものであること，そのために面接をうまく開始できるように面接前の情報収集をするのだと意識することは重要です。

① クライエントの属性に関する情報を収集する。

　年齢・住所・性別・保険区分などの属性は，カルテなどから収集します。電子化された情報がすぐ手に入るようになっているところは，その組織の方法で入手します。大切なことはこうした情報をあらかじめ頭に入れた上で，面接することです。何回も同じことを聞かれたり，話したりすることはクライエントにとって苦痛以外のなにものでもないからです。

② 各専門職から医学的な情報（診断名・病歴・現症・予後など）を得る。

　クライエントは，医師から病状や治療方針の説明を聞いていても，あいまいな受けとめかたをしている場合が多いものです。これは，説明の内容が専門的であったり，不安感が高いなどの理由で理解力が落ちているためと考えられます。ソーシャルワーカーが，直接医療専門職に病状・治療方針の確認を行なっていないと，面接の場面でクライエントの話す状況を，的確に判断できなかったり，誤解したり，さらには，あいまいさの上に立って話したソーシャルワーカーのことばのはしばしを，クライエントが誤解するといったトラブルの原因にもなります。

　さらに，医療専門職から病状を確認しておくことで，クライエントの話す病状との間にギャップがあった場合，その理由がどこにあるのかをアセスメントすることが可能になります。ソーシャルワーカーが必要な情報は，その病状がどのように，またどの程度，社会生活上のハンディキャップになるかです。ですから，受けとった情報をソーシャルな視点から問い直すことが重要です。たとえば，「気管切開している患者」といわれた場合に，「在宅療養することは可能か」などと聞き直すことが必要になります。

③　ソーシャルワーカーへの援助依頼者に対して，援助依頼の理由・目的およびクライエントにはソーシャルワーカーをどのように紹介したかを確認する。

　援助依頼の内容は，ソーシャルワーカーに対する誤解を含んでいる場合もあります。その場合は，依頼の内容をソーシャルワーカーの視点から整理し，依頼内容をより明確にします。そうすることで，次回の依頼のためのソーシャルワーク援助の広報もでき，ネットワークの幅も広がります。

初回面接前の情報収集のチェック・ポイント

　初回面接の前には以下の項目から必要に応じて情報収集をします。かならずしも，すべてのことを確認する必要がないのはいうまでもありません。

医　師――病歴（カルテから確認可能）
　　　　　病状，予後，治療の方針，入院見込み期間
　　　　　退院する時の精神・身体的状態，再入院の可能性
　　　　　患者・家族への病状の説明―誰に，どのように説明したか
　　　　　　説明時の患者・家族のようす（反応）

看護師――看護の方針
　　　　　病棟でのADL
　　　　　家族に対する評価
　　　　　患者の行動――一般的なその疾病の患者として合理的な範囲内の行動か。それ以上の反応が出現しているか。これを確認しておくと，疾病上の問題以上の問題を抱えているかどうかを予測できる。

PT, OT, ST――
　　　　　ADLの程度，障害の程度とそれが，社会生活上どうハンディとなるか。
　　　　　訓練中のようす

ソーシャルワーカーへの依頼者――

　　　　ソーシャルワーカーへの依頼理由
　　　　ソーシャルワーカーのことを患者にはどのように紹介したか

2) 面接のすすめ方

① クライエントのようすを観察する。

　顔色，表情，声の調子，服装など非言語の情報は，ときとして語られたことよりも，雄弁に多くのことを伝えてくれるものです。そして言語情報と非言語情報に矛盾がある場合，たとえば，ことばでは切羽詰まっているとはいわないクライエントの額には汗がにじみ，視線が定まらないようなときは，とくに注意して観察します。

② 主たる相談内容を確認する。

　どのような相談で来室したのか，まずは丁寧に聞くことに徹します。ソーシャルワーカーと初対面で話すために生じる，クライエントの緊張，話の内容の話しづらさ，混乱している状態に配慮しましょう。どんなに多忙であっても，そして「いつもの転院相談」であっても，だからこそ，クライエントが語るストーリーを大切にする姿勢が大事です。何よりもクライエントの問題を一番良く知っているのはクライエントであることを忘れず，いかにも「専門家然」として話を聞くような態度は厳に慎むべきです。そして，いつまでたっても話が混乱して主訴が確認できない場合は，「それでは今日相談にいらしたのは，○○のことでしょうか」「今一番お聞きになりたいことは△△ですか」というように，話を焦点化していくことも大切です。また，言外に主訴が了解できる場合でも「それでは，今日いらっしゃったのは××ということなのですね」というように，言語化して確認することも大切です。

③ 契約をする。

　「契約」とは，ソーシャルワーカーがクライエントに何が提供できるか，

自分が担当ソーシャルワーカーでよいかどうか，ソーシャルワークのインフォームド・コンセントをする，つまり，両者の課題について合意することを意味します。このなかには，何を課題とするか，どのような方法で取り組むか，どれくらいの期間を目標とするか，面接の頻度をどうするかなどが含まれます。もちろん1回ごとのセッションで，そこで話し合われる課題について，「今日は○×のことでお話しすることになっていましたね」のように合意を得ることも，契約です。

クライエントが，なんのためにソーシャルワーカーと会っているのかを明確にすることは私たちの義務です。これは，「なんのために会っているのか」をソーシャルワーカー自身が自覚していることが前提です。クライエントが来室したのでただ話を聞くだけ，というのは面接ではありません。

④ 優先順位・ソーシャルワーカーの態度について，面接を進めながらアセスメントする。

たとえば，痴呆の高齢者の介護問題を抱える家族に，患者の生育歴から聞いていくような面接はしないことです。ワーカーが課題解決のために必要な情報は何かという優先順位を決定することです。そしてクライエントの観察によって，問題の緊急性，クライエントの社会階層を判断し，ソーシャルワーカーは自分のことば遣い，態度を決定します。クライエントより少し丁寧な態度が安心して話せる雰囲気を作ります。過度に丁寧な態度や，反対にあまりにざっくばらんな態度はクライエントに失礼であるばかりでなく，面接に悪影響を与えます。

面接の回数，頻度はクライエントの状況にあわせて柔軟にとりきめ，変更も柔軟に行なうようにします。しかし，お互いの合意できめた面接に遅刻，キャンセルなどがあった場合には，その意味についてアセスメントする必要があります。

⑤ 面接のまとめ・次回の面接までの課題を明確にする。

面接は，クライエントにとってわかりやすい内容であることが大切です。次に何をしたらよいのか（しなくてもよいのか）を最後に明確にしておきます。
⑥ 面接の終了前に次回面接の日程を確認する。

　面接は原則として予約するものとして意識します。クライエントの問題について話し合う時間を十分にとるために，また，ワーカー―クライエント両者にとって，面接の心の準備をするためにも予約が望ましいのです。ですから，面接の約束はソーシャルワーカーの方からは極力変えないようにしましょう。

　　　　　〈事例1〉 「ノー」といえないソーシャルワーカー

　「ちょっと時間があったから寄ったんだけど，大切な話があって」と来室。
　緊急ということで，ソーシャルワーカーの関心をひいて，約束を無視して突然来室するクライエントは依存性の高いクライエントというように理解しましょう。
　約束は今日ではないことを確認し，「大切な」話の内容をここで聞くことが，ワーカー―クライエント関係のなかで，依存性を強めたり，援助過程の方向性をゆがめたりしないかについて判断します。しかし，クライエントの非言語の情報は事態の緊急性を告げていないか，についてもアセスメントすることが必要です。このようなアセスメントを行なわず，来室したクライエントに応じている場合は，「ノー」といえないソーシャルワーカーの側に問題がないか検討が必要です。

---

⑦ ソーシャルワーカーの面接の方針をきめる。

　クライエントの主訴にそった面接の形を壊さないで，ソーシャルワーカーが考える仮説に即した面接のプランを立てます。

　仮説は仮説にすぎません。事態に応じて変更できるように，柔軟な頭で対応することが必要です。

援助目標は，短期，長期と段階ごとに設定するほうが，ソーシャルワーカーにとっても有効です。

⑧　方針にそって面接を継続する。

　意味のないおしゃべりは面接ではありません。質問は，面接の目的にそった形で続けます。前頁同様 open question と closed question を使い分けます。前者はクライエントの世界を理解するのに役立ち，後者は客観的事実をソーシャルワーカーが知りたいとき，あるいはクライエントがどう話していいかわからないで戸惑っているときに効果的です。why？（なぜ，どうして）と質問することは，自己防衛的答えを引き出しやすいことに注意します。クライエントのことばをくり返す手法は，クライエントの防衛を強化することがあります。カウンセリングが目的でないにもかかわらず心情の洞察にまで至るような面接は，むしろ，混乱を招くことに注意しましょう。

　ソーシャルワーカーが感じた感想を率直に伝えることがよい展開を生むこともあります。たとえば，クライエント自身や身近な人の死にかかわることや，他人に対するふつうではない不合理な強い怒りに，ソーシャルワーカー自身が動揺したときなどはそのことを取り上げ，話題にします。そしてこのときこそ，ソーシャルワーカーにとってスーパービジョンが重要であることを認識します（7章「スーパービジョン」117頁を参照のこと）。

　経過を追った面接では，クライエントの変化に注意します。非言語情報の観察は引き続き重要です。洋服の色の変化，アクセサリーをたくさんつけるようになるなど，状況と矛盾する変化には，強いメッセージがあると考えます。

⑨　終　結。

　面接終了後にソーシャルワーカーが自分の面接について振り返り，評価するまでが終結のステージです。終結には以下の場合が考えられます。

〔契約にしたがった終結〕

　最初に設定した課題，または期間が達成されたとき，終結のための面接を行ないます。

　面接の意味について，双方で振り返り，クライエントの努力に対して敬意を伝えます。退院援助の場合の手順については，37頁を参照します。

〔機関の機能による終結〕

　クライエントが，ソーシャルワーカーの所属する病院の患者ではなくなった場合，ソーシャルワーク関係も終結するのが基本的なルールです。とくに，他院に転院する場合など，他の機関の患者になる場合はきっぱりと終結します。援助が途中の場合は，その機関のソーシャルワーカーに援助の継続を依頼し，自分が引き続き援助することはしません。クライエントが自分のところにきてくれるのはラポールがついているから，と評価しがちですが，自分のところにきていることが，現在の機関のソーシャルワーカーとのラポール形成を阻んでいるということに気づく必要があります。

〔突然の終結〕

　クライエントが急にこなくなった，もしくは「もうきたくない」と告げられた場合，可能なかぎりクライエントのために，終結のための面接をします。しかし，クライエントに面接をする意向がないときは，深追いしないようにします。

　ソーシャルワーカーは援助の方法について，反省を含めて再検討のために振り返ることが必要ですが，自分をあまり責め過ぎないようにします。

〔終結に同意しない依存傾向の強いクライエント〕

　クライエントと友人関係になることは，よほどの例外です。援助の目標について再度アセスメントし，その結果，終結したほうが良いと判断される場合は，終結することにエネルギーを費やすようにします。1回の面接で終了することは無理でも，数回面接をして，後はきっぱり終結します。とくに，他機関に送致し，他の援助者がいる場合ひきずらないことが重要です。

依頼があって面接を開始する一般的なケースのポイントは以上のとおりですが，クライエントが相談室にきたときの動機づけのレベルによってソーシャルワーカーの心構えは若干異なります。以下の3タイプの状況による，ソーシャルワーカーの対応について紹介します。

（1） 来室の目的が本人に明確でないクライエントの場合（医師や看護師など医療スタッフから相談にいくようにいわれたからと来室した場合）
① 何を相談するようにいわれたのかを確認する。
② 相談の前提として，情報が不十分な場合——たとえば患者の病状に関する理解が不足している場合——，医師から再度依頼趣旨を含めた病状説明をしてもらうことを提案する。
③ ソーシャルワーカーが提供できるサービスについて説明する。

（2）「相談すること」に強い抵抗がある——来室が不本意なクライエント——場合（医師や看護師にいわれていやいや来室した場合）
① 「相談する必要がない」とクライエントが判断しているのに，来室したことについて，感謝する。
② 何を相談するようにいわれたのかを確認する。
　転院援助などの場合，家族が「聞いていません」ということはよくあります。そのとき「私は○○のように主治医から聞いていますが」と，サポーティブにソーシャルワーカーのほうから切り出した方が良い場合もあります。
③ クライエントの感情，理解の程度についてアセスメントする。
　転院相談を指示された家族の場合，相談の結果退院が早くなることを恐れていることが多いものです。患者の現在の病状は，病院の治療が不十分だったためだと思っているかもしれません。
　病状についての理解が不十分な場合は，医師を含めた合同面接などを

提案することを検討します。「相談すること」に強い抵抗があるのに，再度一人で医師の説明を受ける機会を作ることは，事態の悪化を招きかねません。

　家族は自宅退院を指示されて，怒りを感じていることもあります。ここで家族は患者を放棄する権利もまた持っていることを，ソーシャルワーカーが認識していることは重要です。

④　次回面接につなぐことに，最大の努力を払う。

（3）　関係機関から紹介されたクライエント
①　何を相談するようにいわれたのかを確認する。
②　当機関の提供できるサービスについて説明する。
③　当機関でこのクライエントを受けた場合，そのことを関係機関の担当者に連絡する。
④　終結したとき，そのことを関係機関の担当者に連絡する。
　連絡することについてクライエントの了解を得ます。

3）電話を使うとき

　日常的な業務として，簡単な連絡事項を電話で知らせることはあります。しかし，くれぐれも，病院からの電話は人に緊張感を与えるものだということを念頭において，対応することが必要です。

手　順

（1）　ソーシャルワーカーからクライエントに電話する場合
①　援助の経過から考えて，ここで電話を入れることが効果的かどうかアセスメントする。
　電話で話すことは，ソーシャルワーカーと向かい合っていないこと，わざわざ出向かなくても良いこと，リラックスした環境で話せることな

ど，クライエントにとって利点があります。しかし，電話ではクライエントの表情がわからないこと，わざわざクライエントが出向くことが，彼の解決しようという主体性を保つのに役立つことなどを考えて，電話をかけることのリスクをアセスメントすることが必要です。

② クライエントの生活時間帯を考え，無理なくリラックスして，電話に出られる状態かどうか考慮する。

③ まず名乗り，今話してもよいか許可を得る。

病院からの電話は「もしかしたら緊急の連絡なのでは」と思わせ，患者や家族にとっては胸騒ぐことです。いたずらに不安を覚えさせないよう，まずは名乗り，連絡の趣旨を簡潔に伝えます。話の内容をあらかじめ考え，要領よく話す必要があります。

④ 次回の面接の日時を確認する。

⑤ 良識的な時間内で電話をきる。

こちらからかける電話で，10分以上にもおよぶ長電話は例外と心得ましょう。

アドバイス

▶一本の電話で，関係が良好に継続できることはよくあることです。しかし，「どうしているかと思って」などと，終了したケースにフォローアップと称して安易に電話をかけることは，自制したいものです。このような電話は，ソーシャルワーカー側の興味のみで，相手にとってはよけいなお世話であることが多いものだからです。

(2) クライエントから電話があった場合

① かならず名乗る。

② 仕事がたてこんでいて電話に費やせる時間が少ないときは，初めに時間があまりないことを告げる。

むろん，せっかくかけてきた電話に，すこしでも迷惑そうな気配を感

じさせることは厳禁です。ソーシャルワーカー自身の表情が見えないわけですから，声の調子が相手にどう伝わっているかつねに意識しておくことが必要です。
③　何のためにかけてきたのか，アセスメントする。
　　なぜ援助過程のこの時期に電話してきたのか，この電話で真に伝えたいことは何なのか，を「素早く」考えます。
④　ソーシャルワークの原則に基づいた対応をする。
⑤　電話で話し合う課題と，次回の面接で話し合うべき話題を分ける。
　　面接が基本であることを承知していることが必要です。クライエントから電話があったのに，ソーシャルワーカーの聞きたい話題を取り上げることについては，クライエントの表情など，非言語情報が得られない状況下では危険といえます。また，次回の面接で話し合うべき話題をついでに聞いておくというような安易な態度は，とるべきではありません。
⑥　面接の流れにそった対応をする。
⑦　かならず，次回の面接につなげた形で終了する。

アドバイス
▶頻繁にソーシャルワーカーに電話してくるクライエントの場合，依存性を高める結果になっていないか考えましょう。
▶メールでの"会話"を楽しむ現代の社会では，ソーシャルワーク援助にメールもどんどん取り込まれています。情報伝達の手段としてメールは非常に便利です。たんなる情報提供のようなことはわざわざ来室を求めなくても忙しいクライエントの利益を考えて多用しましょう。しかし，「声の調子」さえもわからない手段はあくまでも補助的な使用にとどめるべきでしょう。人との絡み合いをそぎ落とす方向にある現代社会のなかで，人の心の荒廃もすでに社会問題化しています。面接の重要性はだからこそあるといえるのではないでしょうか。

4) 文書の利用

　手紙や葉書で意思を伝え合うことは，面接・電話とは違う効果があります。電話の押しつけがましさを避けられ，ある種のゆったりとした雰囲気を醸しだすことのできる手紙は，ケースの展開のなかで重要な役割を果たすことがあります。さらに，年賀状や暑中見舞いという時候の挨拶も，対人関係の少ないクライエントにとって，社会との数少ないつながりという意味を持つことがあります。

> **〈事例2〉　一人暮らしの高齢者が入院し，絶縁状態の息子へ出した手紙**
>
> 　今後の方針について，患者に痴呆症状がでているため息子と連絡をとる必要がありました。患者と息子は長く連絡を取りあっていない状況でした。ソーシャルワーカーは息子に援助を必要としている事情を説明するために数通の手紙を書き，息子は来院して話し合うことができました。この場合は，息子の家に電話して事情を説明することも可能ですが，いきなり話すことよりも，手紙のほうが息子をおびやかさない手段だといえます。

アドバイス

- ソーシャルワーカーの持つべき特性の一つに，"筆まめ"ということがあります。ネットワークを形成していく上でも一枚の葉書の持つ効果は大きいものです。時候の挨拶にとらわれるより，そして字が少々きたなくても，書くことをおっくうがらないことが必要です。
- 関係機関とよい関係を維持していくためにも，パンフレットなどを送付するような場合でも，一筆箋に一言挨拶を添えるのは，常識です。
- おっくうにならないために日頃から机のなかに葉書や記念切手などを買っておき，手紙類がすぐ出せる用意をしておけばよいでしょう。絵葉書を用意しておくと，文章の量が減り，おっくうさが軽減されるかもしれません。

2. 合同面接

個別面接では達成できない課題があるとき，または個別面接より有効だと判断される場合，合同面接を設定します。ただし，その必要性，時期，リスクについてアセスメントすることが必要です。合同面接の形態としては，(1) クライエントと院内スタッフとの合同面接，(2) 家族面接（家族で来室した場合またはソーシャルワーカーが提案した家族面接）があります。

手 順

1) クライエントと院内スタッフとの合同面接

① 合同面接の目的についてクライエントと十分に話し合っておく。
② 合同面接の開始前に5分でもクライエントと個別面接をする。
　　事前面接のおもな目的は，合同での面接に対する不安の表出におきます。
③ 合同面接の目的を，主治医や他のスタッフと共有しておく。根回しが必要なときは，事前に調整する。
④ 当事者にとって，無理のない時間を設定する。
⑤ 遅れる人がいる場合，開始前に全員に伝える。面接の終了予定時間を伝える。
⑥ 主治医や他のスタッフとの合同面接の場合，スタッフは事前に情報を共有する。不公平のないように配慮する。
⑦ 誰がどこに座るか，あらかじめ考えておく。または，複数の家族員が出席する場合，誰がどう座ったか，最初に発言したのは誰かなど観察する。
⑧ 全員が話せる雰囲気を作る。クライエントの緊張をほぐし，クライエ

ントや家族の気持ちを代弁し，医学の専門用語の通訳機能を果たす。
⑨ 始めに伝えた時間を超過しないように気をつける。長い時間は設定しない。課題を絞ること。
⑩ 面接の終了前に，おもな問題・課題を要約し結論を確認する。
⑪ 面接の終了後，クライエントと個別面接をし，結論についてどう感じているか聞く。

2） 家族面接①──家族で患者の問題について相談にきたとき

① 主たる相談内容を確認する。
② 家族のようすについて観察する。
　非言語情報を取り損なわないことが大切です。椅子の座り方，話を切り出したのはどちらか，それを聞いている一方のようすはどうかなど，家族間のコミュニケーション・パターンを観察します。家族の葛藤が強いとき，言語情報と矛盾する非言語情報がある場合，どちらか片方に加担しないように注意します。どちらもソーシャルワーカーを味方につけようとすることが多いものです。家族の問題を課題とするとき，家族間葛藤をも取り扱い範囲にいれることは課題が高くなりすぎます。自分の能力の範囲，機関の責任の範囲を明確に認識することが必要です。家族の葛藤に巻き込まれないために，複数のソーシャルワーカーがいる場合，可能であれば，担当を分けることは効果的です。
③ 今後どういう形で相談を継続するか契約する。
　おもにどちらと連絡を取るのか，または今後も家族一緒の面接を継続するのかを確認します。

3） 家族面接②──ソーシャルワーカーが家族面接を提案したとき

① 面接の目的を伝える。
　かならずしもソーシャルワーカーのねらいまで伝える必要はありませ

ん。たとえば，介護者―被介護者という関係の夫婦の場合で，夫婦面接の場を設定すること，それ自体がサポートになることもあります。

② 葛藤の強い家族の場合，できる範囲でそのコミュニケーション・パターンに介入する。

そのことでパターンにわずかながらも変化を見ることがあります。たとえば，家族間で攻撃的な会話が始まった場合などは，どんどん続けるか，やめさせるか，アセスメントします。ソーシャルワーカーの前で，とことんいいつのる家族は少ないものです。むしろできる範囲で合同面接を効果的に使うことが，良い結果を生みます。

③ 結論を共有する。

「今日の結論は○○でしたね」と，ことばに出して確認し，結論を共有できるようにします。

④ 面接終了後，クライエントに気持ちを聞き，その後それぞれの家族に感想を確認しておく。

⑤ 面接の記録は詳細にとり，家族力動のアセスメントをする。

誰が一番多く発言するか，誰の意見で結論が導かれたか，マイナス指向の発言者は？　ムードメーカーは？　などを評価します。

非言語の情報について

言語 (verbal)，語調 (vocal)，表情 (facial) がどれだけの割合でその人についての情報を伝えるか，メーラビアンは $0.07(\text{verbal}) + 0.38(\text{vocal}) + 0.55(\text{facial}) = 1$　という仮説をたてています。

このことは，クライエントの観察ばかりでなく，ソーシャルワーカー自身にとっても，同様に重要な示唆です。つまり，ソーシャルワーカーの発する情報も，この割合で相手に伝わっているということです。トレーニングするべき項目であると認識することは，重要です。

面接室の雰囲気も，非言語コミュニケーションの一翼を担っていることを理解します。コミュニケーションは相互作用なのだから，信頼されやす

い雰囲気を作り上げることに努力することが必要です。つまり，あまりに個性的，もしくは雑多な部屋は非言語のコミュニケーションとして，すでにクライエントを排除していることになります。

アドバイス

▶ ソーシャルワーカーが援助するかどうかは，機関の機能から制約を受けるものです。たとえば，登校拒否をしている子ども，摂食障害の子どもの相談は，受け入れられる体制が組織内にない場合，ソーシャルワーカーの個人的関心でクライエントを受け入れることは厳禁です。この場合は，専門相談機関を紹介するのが適切な援助です。

▶ 面接の時間は30～45分を基本とし，長くても1時間以内には終了するようにします。これ以上は，お互いに疲れるだけです。面接終了間際になってクライエントが重要なことを話し始めることはありますが，その意味を検討した上で，アセスメントをし，だらだら長い時間話すことは避けます。

　具体的な情報提供が主訴であるクライエントの面接は15分で十分なこともあり，15分で話せる内容は限られているという側面もあります。あくまで面接はアセスメントに基づくものであるということを意識しましょう。つまり，クライエントの主たる相談内容が明確であり，理解力，判断力もあるとアセスメントでき，なおかつ，その情報の伝達がわずかな時間ですむ量であることで，その面接に必要な時間が決定されるのです。とくに心理・社会的サポートが必要なクライエントには，それなりの時間の確保が必要です。

▶ インテーク面接でクライエントの話を聞きすぎることには，注意しなければなりません。クライエントが話しすぎたことを後悔すると，次回の面接につながらなくなる恐れがあります。

▶ 面接室は事務室と別であることが理想ですが，環境が整わなくとも，衝

立てを使ったり，ソーシャルワーカーが声を低くしたり，面接の途中の電話は，丁寧にすばやくきることなどで，工夫できます。しかし，"あと○○分で電話してください"などというような内容をひそひそ話すのは論外です。しかもその時間が10分であるなら，その時間までに帰れと通告しているような展開になることに注意してください。

▶面接時の位置について，検討します。緊張を高めることを意図して真正面に座るか，リラックスするよう斜めに座るか，面接での予想される内容によってきめます。

▶社会資源の情報提供のための1回相談のケースでも，クライエントは他に重大な相談ごとを抱えているのかもしれません。つねにクライエントのために窓口をあけている姿勢が必要です。

▶明らかに，他に心配ごとがあると理解できても，相談するかどうかの決定はクライエントが行なうものです。クライエントの防衛を不用意に壊さないことは重要です。

〈事例3〉 「隠された主訴」のとらえ方の例

　高額療養費について聞きにきたクライエントは，ソーシャルワーカーがクライエントの表情から判断して「この制度を利用したらやっていけますか？」と聞いたことで，経済面での困難が切実であることを話し始めるかもしれません。あるいは，話を切り出すのを次回に延ばすかもしれません。「必要な時にはまたお立ち寄りください」などといい添えて，かならず次回の面接を保障する形で終了します。

〈事例4〉 相談するかしないかはクライエントがきめること

　抗がん剤で髪がすっかり抜けた70代の女性が，点滴棒を押しながら来室。
　「同室の患者さん同士が，喧嘩をして困る。外を通りかかったら相談窓口だっていうからちょっと寄ってみた」と相談室に立ち寄ったクライエン

ト。"明らかに，他に心配ごとがあることが理解できる"ケース。一人暮らしの彼女は立ったまま10分ほど，今度は急に一時退院をさせようとしている主治医への不満を述べる。座ることを勧めても入り口から動こうとしない。名前を聞いても答えない。「次回の相談を保障する形で終了する」が，それからの訪れはありませんでした。

　氏名も，病棟も聞かなかった事例です。"死の受容"にむけて援助を開始するために，このケースを追いかけることが適切かどうか，クライエントの防衛を壊すことになりはしないか？　ソーシャルワーカー自身の興味にすぎないのではないか？　あるいは，ソーシャルワーカーの力量として，仕事の量の配分として適当か？　援助を開始する前にアセスメントが必要です。

　そして，何よりも相談するかどうかをきめるのはクライエントの側です。このような形で終了したからといって，ソーシャルワーカーは不十分な援助ケースであったと，罪障感にかられる必要はありません。

苦情について

　他の医療スタッフへの苦情の取り扱いには注意が必要です。以前からかかわっているクライエントの場合は，クライエントがどんな気持ちになったか，というクライエント側の感情に焦点をあてて傾聴します。飛び込みのケースの場合は，"医療スタッフへの苦情"であるということにとらわれないことが重要です。とらわれることで，ソーシャルワーカーの側が過剰に同情したり，防衛的な姿勢になってしまうからです。ケースワークの原則に則した対応を意識します。クライエントに同情し，事情をよく確かめないで，正義感にかられて"ひどい看護師さん"に注意に行くことで，看護師との関係を損なうなど事態の悪化を招く場合もあります。率直に話すことには弊害もあることを了解することも大事です。そして，病院を代表して，たとえば苦情などを処理することは避けます。ソーシャルワーカーは，とにかく話したいというクライエントの欲求に応じてサポーティブに，しかし中立的に苦情を聞くこと，混乱している場合は話の内容を整理すること，それぞれの病院のルールにしたがって規定の窓口につなげるこ

とに徹します。責任を"過剰"に取り過ぎないことに留意します。もちろん，事情もわからないのに反論するのは，もっともまずいやり方です。

3. グループを対象としたソーシャルワーク

　グループワークとは，グループでしか得られない効果を得るため，また，グループを形成することでより効果的に目標を達成するために，意図的にグループを形成・介入することをさします。

　グループワークの目的は，グループ・ダイナミクスなど，グループの持つ特性を活用し，クライエントの課題の達成を促すことです。

　グループとは，図1・1のとおり，たんなる人の「集まり」とは本質的に異なるものです。ソーシャルワーカーは，グループ・プロセスを促進するようグループを側面的に援助します。

　たとえば，患者相互・家族相互のサポートは療養生活を送るうえで，非常に有効ですが，ソーシャルワーカーとの1対1の関係である個別面接では実現困難で，グループワークをとおして形成されるものです。

　患者・家族が，グループの形成を通じて得られる効果には下記のことがあげられます。

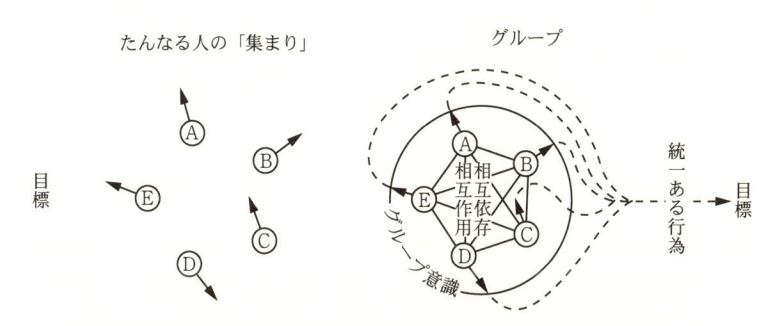

図1・1 「グループ」と「たんなる人の集まり」の本質的差異
出所：大塚達雄他編著『グループワーク論』ミネルヴァ書房，1986．

患者・家族がグループの形成をとおして得られる効果
（1） 同じ体験をした人同士のなかで，共感・サポートが生まれる。
（2） 他のメンバーの生活が，将来の生活に関してのモデルになる。
（3） 家族にも，誰にも話せない悩みでも，グループのなかでは話すことができる。
（4） ソーシャルワーカーとの1対1の関係では，緊張があり話せないことでも，グループのなかでは，同じ悩みを持つという安心感から，話を切り出せる。
（5） 共感や相互のサポートができたなかで，課題達成への動機づけができる。
（6） 新しいメンバーをリードする立場に立つことによって，リードする立場のメンバーは洞察を深めることができる。

本節の手順では，ソーシャルワーカーがイニシアチブをとることの多い，患者会をモデルとします。

手 順

1） グループワークを開始するまでの準備

業務としてグループワークを行なう場合には，開始までの準備が，グループワーク同様に重要です。準備を十分行なうことで，院内でのグループの位置づけが安定したり，スタッフは予測を立てながらグループにかかわれるようになるものです。その結果，グループが展開しやすくなる効果が望めます。

① 個別面接・リサーチを通じて，グループを活用することにより得られる効果を予測する。
② 対象疾患に直接関連する医師・看護師などにグループ形成のプランを説明し，理解を得る。また，協働できるスタッフを獲得する。
③ 上司・機関の許可を得る。

上司・機関の了解は，グループワークが機関の事業として認められることにつながります。このような立場を明確にすることで，グループと機関との間に良好な関係を築き，後に相談に乗ってもらいやすくなるものです。

④ 協働スタッフと共に，同様のグループを持っている他機関見学・勉強会などを行なう。

グループワークの対象となる患者の疾患や生活上の特性，今後起こり得る事態など，グループワーク（グループ・プロセスやスタッフの役割）についてスタッフ間で共通理解を深めることが大切です。

⑤ 対象となる患者・家族にグループ形成の提案を行なう。

メンバーとなる対象が患者の場合は，医師・看護師にグループへの参加が疾患の状況から可能か，参加が適切か，また，禁忌事項があるか，を協議・確認します。

協力を得られる患者・家族がいれば，準備段階からかかわってもらうようにします。

⑥ 初回セッションの準備を行なう。

（イ）クライエントへの参加の働きかけ。

クライエントの状態を把握すると同時に，グループに参加することで得られると予測される，そのクライエントにとっての効果を伝えます。

（ロ）場所・時間（開始時間・所要時間）の設定。

（ハ）話題提供の準備。

初回は，話の糸口とするために疾患に関連する講演を組み込んだり，メンバーに共通の話題で，比較的緊張せずに話せるテーマを設定するようにします。メンバー同士に会話が生まれ，グループが動き出すためのしかけとなります。

（ニ）会場のセッティングを行なう。

メンバー同士が，自発的に話しかけやすいように，輪になるようにテーブルをセットする，人数が多い場合には，少人数ずつグループになって座るなど，セッティングを工夫します。

2） 初回セッション

① このグループの目的をメンバーに明確にする。
② 自己紹介を行なう。
　　メンバー同士が知りあえるよう自己紹介の時間をとります。
③ グループ契約を行なう。
　　（イ）　メンバーがグループに期待することを確認しあう。
　　（ロ）　当面，どのようにセッションを行なうかを確認する。
　　　　　メンバーの話し合い中心か，イベント中心か，メンバーは当面固定するのか，要件を満たせば加われることにするかなどを，最初に打ち合わせておきます。
　　（ハ）　日程・頻度・会費など，基本的な枠組みの取り決めを行なう。
　　（ニ）　グループの運営・管理の方法を話し合う。
　　セッションの案内作成，会費の管理などは，メンバーが行なうのか，スタッフが行なうのか，メンバーが行なうのであれば，運営担当者をきめます。スタッフが行なう場合は，いずれ運営主体はメンバーに移行していきたいなど，最初に今後の方向性を伝えておくとよいでしょう。
　　グループで話されたことをグループ外で口外しないなど，メンバーの秘密保持について，話し合います。
④ メンバーの相互作用を促進するように働きかける。
　　（イ）　コミュニケーションのきっかけとして，話題を提供する。
　　（ロ）　会話をリードしたり，一人の人が過度に話しすぎている場合は，他の人に意見を聞くなど，会話を調整する。
　　（ハ）　セッションの最後にセッションの感想をメンバーで話し合う

（フィードバック）。

　　　フィードバックを行なうことにより，メンバーは，このグループが自分たち自身のものであると，実感できるようになるものです。
⑤　セッション後，メンバー代表（運営をメンバーが担当する場合）や担当スタッフと今後の方針を確認する。
　　（イ）　グループの状態や評価を行ない，今後の方針を立てる。
　　（ロ）　次回セッションの具体的プランを話し合う。
⑥　メンバーの抱える課題が，グループより，ケースワークで対応する方が適切な場合には，個別に働きかける。
⑦　記録を取る（「グループワークの記録」84頁参照のこと）。

3）2回目以降のセッション

①　前回セッションのフィードバックを行なう。
　　　フィードバックを行なうことで，前セッション終了時以後，落ちているグループ意識を高めることができます。
②　グループのなかで，個々のメンバーが貢献している部分を意識できるよう働きかける。
　　　メンバーが各自の持ち味を生かして，グループに貢献していると実感することが，メンバーの参加意欲を高め，相互作用を活発にするものです。
③　他のメンバーのやり方を尊重する，非難しない，といった仲間の基本的な姿勢・態度についての理解を促す。
　　　メンバーの間に，「自分の存在が認められているのだ」という気持ちが増していくよう働きかけます。またソーシャルワーカーは，自分の態度がメンバーのモデルになることを意識している必要があります。
④　グループと所属機関との関係が良好となるよう，働きかける。

（イ）院内スタッフに，グループワークにオブザーバーとして参加することを提案する。
　　　（ロ）院内報の記事やグループワーク・レポートなどの形で，グループワークで行なわれている内容を紹介する。
　医療機関は，患者会などが圧力団体になるのでは，と警戒する場合もあります。同じ問題を持つ人が集まったら，要求は出てくるものです。このような場合，ソーシャルワーカーは，上記のような機関に対する働きかけを行なったり，要求を達成できるよう患者会と機関との間を仲介することもあります。また，メンバー自身が建設的に機関と交渉できるよう，方法を検討するなどの援助を行なうようにします。
⑤　しだいに，運営の力点をメンバーに移す。
　グループの主体はメンバーです。ソーシャルワーカーは，側面的援助者としてのポジションを意識する必要があります。ソーシャルワーカーが発案したグループの場合は，開始当初は比較的強いリーダーシップを発揮する必要がありますが，コアとなるメンバーを育てていき，軌道に乗ってきたら，運営主体をメンバーに移すようにすることもグループによってはあります。
⑥　初回セッションの④〜⑦と同様。
　グループには，停滞期があります。停滞期は，あってとうぜんと受け止めて，この間を細々とでもつなげることが大切です。そのためにも，毎月第一○曜日というように，具体的に日時を設定するなど，グループの枠組みを作っておくことが大切です。

4）終　結

　あらかじめ終結することが予定されている場合は，契約時にメンバーに伝えておくことが必要です。患者会の場合には，終結が当初予定されていることは少ないものです。経過のなかで，なんらかの理由で終結することはあり

ますが，この場合，終結のセッションを持ち，メンバー同士でどのような点で有意義だったかを話し合うとよいでしょう。そうすることで，終結することへの罪障感を払拭し，仲間意識をメンバー間に定着させることになるものです。

> **〈事例5〉 アルコール依存症のグループワーク**
>
> 　患者・家族が，アルコールが身体におよぼす影響やアルコール依存症の疾患について理解し，さらに自分自身の問題を明確化し，行動変容する力を促進することを目標とする。
>
> 〈手　順〉
>
> ◆事前計画段階
> 　① 　計画立案を行なう。
> 　　　集団プログラムの内容(集団の大きさ・ミーティングの回数，情報提供の内容，日時，場所等)，召集方法，個人へのアプローチとの関連方法など。
>
> ---
>
> ・プログラム内容と回数
> 　1) 　アルコール依存症とは？　　2) 　アルコールが身体におよぼす影響
> 　3) 　アルコール依存症からの回復　4) 　自助グループの紹介
> の4回，ビデオや資料を使用する。
> ・対　象
> 　　精神科アルコール外来の新患・家族，ソーシャルワーカーが対応したアルコール問題のある患者・家族で人数はとくに制限なし。
> ・召集方法
> 　　精神科医師，あるいはソーシャルワーカーがプログラムの紹介を行なう。
> ・個人へのアプローチの方法
> 　　基本的には，個別面接を行ない，プログラム終結後については，精神科医師等と協議連携しながら，アプローチする。

② ①で計画した集団プログラム案について，院内職員と協議し，許可あるいは必要に応じて協力を得る。
③ 実施にあたって必要な情報を収集し，資料や参加票を作成したり，ビデオなどの必要機材の手配等の準備をする。

◆初期召集段階
① 個人へのアプローチにおいて，面接を行ない，集団プログラムを紹介し，参加を促す。患者・家族の参加意志が確認されたら，日程・参加手続きを説明する。
② 院内職員からの紹介の場合は，院内職員から患者・家族の情報収集を行なう。

◆活動段階
① 会場の準備を行なう。ビデオや配布資料を用意する。
② 個人へのプログラム参加票を渡し，今後の予定を説明する。
③ 参加者が集まったところで，全プログラムの説明と今日の内容の説明を行ないながら目的を明確にする。
④ ビデオや資料に基づいて必要な情報を提供しながら，参加者へ質問することで，自分の問題を明らかにし，何でも話せる雰囲気をグループのなかに浸透させる。そしてグループのなかで，参加者が同じ問題を抱えた存在として，相互に情緒的支持が得られ，個人が集団の一員としていきいきと参加できるように働きかける。
⑤ 参加者から出された意見や質問を，再度他の参加者に戻し，問題を焦点化することによって集団の目標を明確にする。
⑥ 参加者が自らの問題を見つめ，集団力動のなかで問題解決の力を成長させ，継続してプログラムに参加していけるように働きかける。
⑦ ミーティング終了後に，参加者の参加姿勢や理解の程度，グループ内相互関係等を記録する。
⑧ 全プログラム終結後に，個別に今後の方向づけを行なう。

アドバイス

▶ソーシャルワーカーの知り得ているメンバーのプライバシーをグループで開示することがないよう，秘密保持に留意することが大切です。

▶他の専門職もかかわっている場合は，スタッフ間のダイナミクスにも注意する必要があります。
▶患者会にかかわることで，スタッフ側の患者に対する意識が変化したり，各専門職間にその疾患の患者に対する共通理解が生まれ，チームとしての基礎が築かれることもあります。
▶糖尿病教室などの，病院主催の患者対象の催しや会などにおけるソーシャルワーカーの存在意義は，グループワークの視点を持っていることです。たとえば，受講者同士の相互作用を促すことに視点をおいて，リラックスして，お互いが話しやすい雰囲気を作るための提言などを行なうということもできます。
▶病室内の人間関係などにかかわる場合も，メンバー同士が，どのようなかかわりを持ち，どのように影響し合っているかを評価して，サポート機能を強化することを念頭におくとよいでしょう。
▶グループワークは，グループ形成の目的と方法によって，さまざまな技法があります。とくに最近はグループの力に関して関心が集まっています。専門書を数冊読むことは，大きな力となるでしょう。かならずしも新しいものが良いとは限りませんが，ソーシャルワークの考え方は進展しており，最新のものに目を通す習慣はやはり身につけたいものです。その上で，大切なことはソーシャルワークの価値はどのような技法のなかにも核として存在することを忘れないことです。

〔参考文献〕
武田健・荒川義子編著『臨床ケースワーク』川島書店，1986。
ゾフィア・T・ブトゥリム／川田誉音訳『ソーシャルワークとは何か』川島書店，1986。
D. エバンズ他／杉本照子監訳『面接のプログラム学習』相川書房，1990。
春木豊編著『心理臨床のノンバーバル・コミュニケーション』川島書店，1987。

中島さつき・杉本照子編著『ソーシャルワークの臨床的実践』誠信書房，1987。
武田健・大利一雄『新しいグループワーク』YMCA同盟出版部，1980。
保田井進・硯川眞旬・黒木保博『福祉グループワークの理論と実際』ミネルヴァ書房，1999。

2章　具体的サービスの提供

　具体的サービスの提供とは，患者・家族の問題解決のために必要あるいは有効と判断された場合，利用できる制度やサービスを紹介したり，患者・家族と一緒に行なったり，代わって行なったり，出向いていって援助を提供したり，利用するサービス間の調整を行なったりすることをいいます。

目　的
① 患者・家族の問題の解決・軽減に役立てる。
② 患者・家族の不安，緊張感を軽減する。
③ 患者・家族への問題の解決方法の提示を行なう。
④ 患者の代弁を行なう。
⑤ 関係機関と情報提供，交渉，調整を行なう。
⑥ 患者・家族の問題解決のプロセスを共有する。

方　法
① 社会資源の情報提供
② 退院援助
③ 同行・代行
④ 訪問
⑤ 医師の説明の場への同席
⑥ 院内スタッフとの情報交換・協議
⑦ 関係機関との情報交換・協議
⑧ ケースカンファレンスへの参加

⑨ 社会資源の開発・創出

ソーシャルワーカーが，同じ相談職である心理職と大いに異なる点は，このような多様な具体的サービスの提供を，その援助手段として用いることです。いいかえるならば，ソーシャルワーカーの専門性とは，心理的援助だけにとどまらず，このような多様な方法を用いて具体的サービスも提供することにあるのです。

この行為を適切に行なうためには，そのタイミングやマナーなどについて心得ている必要があり，ソーシャルワーカーの基本的な価値・倫理が問われるところです。

1. 社会資源の情報提供

社会資源の情報提供は，ソーシャルワーカーの役割の一つとしてあげられており，患者・家族からだけではなく，スタッフからも，ソーシャルワーカーへの役割期待として大きいものです。

社会資源の情報提供は，クライエントの課題解決をはかるために行なわれます。社会資源の活用方法や効果などを含めて伝えます。

解決すべき課題を持った人へのソーシャルワーク援助の方法として，社会資源の情報提供は，大きな効果をもたらすものです。社会資源に精通すること，その社会資源をタイミング良く活用できるようになることは，ソーシャルワーカーのスキルとしてぜひとも磨かなければならないものです。

社会資源とは公的制度だけでなく，人，もの，技術など，困難の解消やニーズの充足のために役立てることができる，私たちのまわりにあるあらゆるものをさします(次頁図2・1参照)。

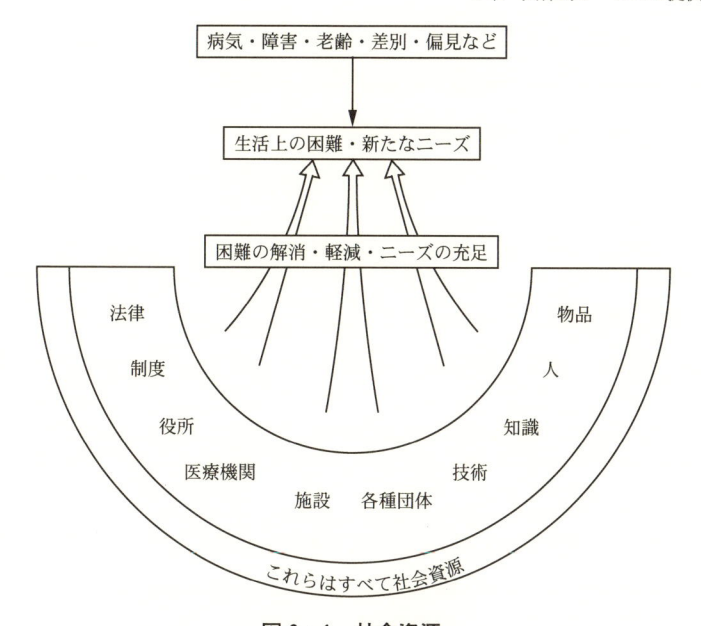

図2・1 社会資源
出所：桑名忠夫他編／大本和子他『保健医療福祉の制度とサービスの実際』
（図説老年医学講座）メジカルビュー社，1986，に筆者が一部加筆

手順

1）患者・家族との面接

① 患者・家族と面接を行ない，スタッフからの情報と併せて，何が解決されるべき課題かをアセスメントし，どのような社会資源が必要かを検討する（「面接のすすめ方」2頁参照）。

2）社会資源の情報収集

① 手元にある資料に当たる（詳細は「クライエントが利用できる制度などに関する情報収集・調査・整理」92頁参照）。

② どのような社会資源があるか，「社会保障の手引き」や市町村が発行し

ている「福祉の手引き」等の社会資源関係の書籍で調べる。
③ インターネットで検索する。
④ 当該機関に以下の点を問い合わせる。
＊患者のおかれている状況で該当する制度にはどのようなものがあるか。
＊制度の概要について（対象者，申請の窓口，申請の方法，実施回数，費用，即対応できるかどうかなど）。
＊すでに使ったことがあるサービスでも，変更の有無等について確認する。
⑤ 公的サービスだけで十分か(他に補足的なサービスはないか)検討する。
⑥ 十分な社会資源がない場合，社会資源を開発・創出することはできないか検討する（「社会資源の開発・創出」69頁参照）。

3）情報の提供

① 当該制度について，制度の内容，利用方法，必要書類などについて説明する。

　簡単な情報提供以外は，電話では行なわず，来室してもらい面接で行なうのが基本です。理解力と能力に応じて，紙に書いて説明します。一度にすべての情報を提供する，あるいは社会資源のリストを渡すだけ，といった情報提供の仕方では誤解や混乱を招くこともありますので，情報提供の仕方に注意します。

　たとえば，表2・1のようなリーフレットを見せながら説明するとより理解がしやすいものです。そして，又聞きのようなあいまいな情報の提供はしないことが大切です。

　専門用語（例：「措置」など）は避けて，わかりやすいことばで説明します。

表2・1 身体障害者手帳についてのリーフレット

身体障害者手帳について

　身体障害者福祉法で定められた一定の障害がある場合，身体障害者手帳の交付を受けることができます。身体障害者のために用意されている様々なサービスを利用するためのパスポートの役割を果たすもので，サービス利用時には手帳の提示が必要です。持っていることによるデメリットはありません。

＜申請の手続きの方法＞
　以下の3点を持って，市区町村役場の障害福祉を担当する部署に申請します。
1．身体障害者診断書（指定医が記載します）
2．写真（上半身3×4cmのもの1枚，スナップ写真で良い）
3．印鑑
＊出来上がるまでに概ね2ヵ月かかります。サービスの利用は交付を受けてからとなります。

＜受けられるサービスについて＞
　以下の制度は障害の等級や種類，世帯の前年度の所得，世帯状況によって利用出来るもの出来ないものがあります。また，市町村によってサービスの内容や方法が異なることがあります。
1．重度障害者医療費の助成
　　手帳が1，2級の場合，医療費保険分の自己負担が助成されます。市町村によっては3級以上の場合であっても助成される場合があります。
2．更生医療（注）
　　手帳の等級に関わらず，心臓の手術など障害を軽くするために医療を受ける場合の医療費が公費負担される制度です。
3．補装具・日常生活用具の支給（注）
　　障害の内容や程度により必要と認められたものが給付または貸与されます。
　　　例）車椅子・義肢・義眼・ベッド・ストーマ用具　など
4．税金の控除や免除（障害の種類・等級によって異なります。）
　　　所得税・住民税・相続税・自動車税　など
5．交通運賃の割引（障害の種類・等級によって異なります。）
6．その他　手当・公営住宅の優先入居・高速道路料金の割引・駐車禁止除外指定　など
7．身体障害者施設の利用
8．ヘルパーの派遣
（注）所得に応じて自己負担があります。
また，以下のものは支援費制度の対象となります。

ご不明な点はお気軽にご相談下さい。

〇〇〇〇病院総合相談室
Tel. 〇〇〇〇-〇〇-〇〇〇〇
200〇年〇月作成

② わからない質問があった場合には，緊急性がある以外は，後日調べて回答するようにする。
③ 患者・家族が理解したかどうかを確認する。
④ 患者・家族がその制度を利用する意思があるかどうか確認する。
　　ソーシャルワーカーが社会資源の活用が適切と判断しても，患者や家族が利用に消極的な場合には，自己決定を尊重し，「必要と感じたらいつでも相談できる」ということを伝えておくようにします。社会資源を利用するかどうかを決定するのはクライエントです。
⑤ 患者・家族がその制度を利用することをきめた場合には，申請の時期や方法について説明する。
⑥ 診断書や意見書が必要な場合には，必要に応じて主治医に連絡する。

アドバイス

▶申請日からしか適用されない制度（特定疾患の公費負担制度など）も多いので，ソーシャルワーカーが正確な知識を持つことがクライエントの最大の利益確保につながります。

▶ソーシャルワーカーが情報操作をして，クライエントの理解や自由な選択を妨げるようなことがないように注意する必要があります。

▶申請がスムースに運ぶように，必要に応じて当該機関に連絡を入れておきます。

▶必要に応じて，申請に同行したり代行をします。ただし，当事者が自分で行なうことが大原則ですので，安易な同行や代行はするべきではありません。

▶制度は随時新しくなったり，改正があるため，実際に以前利用したものでも，しばらく利用していないときには，情報提供の前に確認するようにします。

▶高額療養費制度や身体障害者手帳制度のように，日常よく紹介する制度についてはリーフレットなどを作成しておくと良いでしょう。

▶公的資源のみではなく，日頃からあらゆる可能性を想定して，地域の社会資源について情報収集しておくという姿勢が必要です（「情報収集」91頁参照）。
▶医療費の相談にきた家族が，突然の入院でパニック状態であるような場合，高額療養費の仕組みなどを説明しても頭に入らないものです。そのような場合には，パンフレットを渡し，「今日のところは，『高額の請求書が届いても，負担を軽くする制度がある』こと，『支払いについては相談できる』ということだけを覚えておいてください」といったような臨機応変な対応を心がけます。

2．退院援助

入院中の患者が，もはやその病院での治療が終了したということでソーシャルワーカーに退院援助依頼がなされた場合に行ないます。退院の形態としては以下の2つがあります。

(1) 自宅への退院（在宅療養のコーディネート），(2) 他の病院への転院（転院への援助，介護保険施設などへの入所も含む）。

手 順

① 依頼者（医師，看護師，患者の家族）から患者の病状，身体状況（ADLなど）を確認する。
　資料のようなチェックリスト（巻末資料 B-1, B-2, 196, 197 頁参照）を作ると確認漏れがありません。現状だけではなく，今後の改善（もしくは悪化）の目途も確認します。
② 患者の病棟を訪問して患者の状況を直接確認する。
　依頼と同時に，「家族が今きているので会ってほしい」というような場合以外は，医師や看護師から情報を得たとしても，患者の状態を直接自

分の目で確認することはかならずすべきです。家族と話し合うさいに，「お目にかかってきましたよ」と伝えることで誠実さが伝わりますし，何より自分の目で患者の状態を確認していると家族と共通の理解に立てます。

　この段階で，身体的には在宅が可能かどうか（介護量ではなく病状のリスクの面などから）おおよその見当をつけます。さらに，今は無理でも将来的に改善が見込めるかどうかも医師に確認をします。

③　医師から家族にどのような説明がなされているか確認する。

　退院については医師から家族に説明がなされていることが必要です。ソーシャルワーカーが医師になり代わって退院の説明をするべきではありません。ただし，医師の説明後も，「まだ良くなったわけではないのに……」など退院への拒否反応を示す家族に，ソーシャルワーカーが病院の機能や長期入院ができない事情などを，説得ではなく説明をすることは必要です。

④　医師もしくは看護師に，誰と面接するのが適当か聞き面接予約をする。

　決定権のない家族と話を進めていて，最終段階でたとえば嫁いだ娘などが同意しないことなどがあるからです。患者本人と意思疎通できる場合は，事前にもしくは合同面接の形をとって本人の意向を確認します。

1）　在宅療養のコーディネート

手　順

① 　介護保険の適否のため，年齢・疾患名を確認する。ここでは介護保険適用可能の場合についての手順を紹介する。
② 　家族の介護の意思を確認する。
③ 　日常生活上どのような介護が必要か，家族と一緒に確認する。

　たとえば，「今排泄はどのようにしていますか？」というような質問を

しながら，家族がイメージできない場合は，担当看護師やリハビリ担当者と合同面接し，日常生活の一つ一つの場面で，患者が何ができる，できない，どのような時に介護が必要かなど家族がイメージできるようにします。
④ その上で家族がどれだけの介護ができるか確認する。
⑤ 具体的な介護サービスをパンフレットなどを見せながら紹介する。
　導入すればどのような生活が可能になるか，費用の自己負担も含め紹介します。
⑥ 家族が介護サービスの導入を希望すれば，介護保険の要介護認定の申請をする。
⑦ 家族の意向を反映しながら，おおよそのケアプランを立て，介護支援専門員につなげる。
⑧ 退院までに解決するべき課題（たとえば，家族への経管栄養の指導，たんの吸引指導など）を看護師と相談し，準備期間を設定する。
⑨ 必要であれば外泊を試行する。
⑩ 往診医の選定と依頼（または寝たきりで通院する場合などの移送手段の確保），訪問看護の依頼，必要物品（医材料など）の調達方法の確認，退院時共同指導の開催などを行なった上で退院する。

アドバイス

▶これらのコーディネートについては，在宅医療部門等が行なう病院，ソーシャルワーカーと在宅医療部門とが共同で実施する病院，ソーシャルワーカーが主になって行なう病院等さまざまです。どの場合であっても，関係職種の専門性を尊重し，どこまでをソーシャルワーカーが担当するのかの確認をしながら進めるということを忘れてはなりません。関係職種間の連絡を密にしながら進めます。職種間の縄張り争いのようなことはけっして患者に利益をもたらさないということは知っておくべきです。

▶ 退院までの準備期間が急性期病院では，1〜2週間（もっと短い病院も珍しくない）しかないことが多いものですが，その場合介護保険は暫定プランとなるので介護度は低めに見積もっておくのが賢明です。また上記⑥の時点をまたず，もっと早期に介護保険の要介護認定の申請を進めておく場合もあります。

2) 転院への援助

手　順

転院が必要となるにはさまざまなケースがありますが，ここではもっとも多い急性期を過ぎ，長期の療養が必要となっている患者の場合の手順を示します。

転院援助は，(1)医師からの依頼，(2)患者の家族からの相談によりスタートします。

(1) 医師からの依頼の場合

① 速やかに依頼者とコンタクトをとる。

　医師から転院依頼があった場合は，速やかに依頼者とコンタクトをとります。医師とコンタクトがとれない場合はとりあえず看護師とコンタクトをとります。

② 患者の状態の確認。

　前出のチェックリスト（B-1，B-2）を用いると良いでしょう。患者・家族への説明内容とその反応，転院の時期（できるだけ早い時期に，転院まで時間がかかると思うのでそろそろスタート，いずれ転院が必要となるのでオリエンテーションを含めて，など）を確認します。

③ 患者の状態を直接確認する。

　意識のある場合は声かけ等をします。また，コミュニケーションが可能な場合はアセスメントの上で本人の意向を聞きます。

④ 家族と面接する（誰と会うのが適切か医師や看護師に確認する）。
⑤ 以下の点を確認し調整する。
　（イ）　家族が患者の病状や予後の見通しをどのように理解しているか。
　　　　　→現状と家族の認識のずれが大きい場合はすぐには転院の話は進めません。
　（ロ）　転院の必要性を理解しているか。
　　　　　→転院を納得していない，転院といわれたことへの怒りが強いなどの場合は，その気持ちを受け入れ，ソーシャルワーカーから病院の機能などを説明し理解が得られるように働きかけますが，再度医師からの説明が必要な場合もあります。
　（ハ）　在宅の可能性や計画，どのような状態になったら在宅できると考えているか。
　　　　　→病状への理解が進んだ結果，在宅という選択をする場合もあります。この場合は在宅療養のコーディネートの手順に従います。
　　　　　→ある程度改善すれば在宅できる，あるいは将来にわたって在宅できる可能性がないなどによって紹介できる病院は変わってきます。
　（ニ）　患者本人の希望は？
　　　　　→本人に在宅希望が強く，家族は転院希望が強い場合には，そのずれの調整をかならず家族にしておいてもらいます。
　　　　　（必要であればソーシャルワーカーもかかわる）
　（ホ）　転院先病院に関しての希望や心当たりの有無の確認
　　　　　→現実と希望のずれ（積極的リハビリの適用ではないにもかかわらず，リハビリ病院を希望するなど）を調整します。

家族が納得しない場合には，希望する病院に入院申込をして断られるという体験も必要な場合があります。
　（ヘ）　費用負担能力の確認
　　　　→近隣病院のおおよその費用を説明します。
⑥　転院可能な病院を紹介する。
　（イ）　どのような病状ではどのような病院（入院期間が限られているかゆるやかかも含めて）に転院可能か日ごろから知識を深めておきます。
　（ロ）　できる限り2ヵ所以上の病院を紹介し，比較検討して選択できるように配慮します。
　（ハ）　医療依存度の高い状態では転院できる病院が少ないため，遠方の病院でも検討が必要な場合もあります。
　（ニ）　医療機関でなくても対応できる病状の場合には，介護保険施設をまず申し込むことを勧め，施設に入れるまでの間入院するという方法も検討します。
⑦　当該病院に転院受け入れについて打診する。
　病院チェックリスト（巻末資料J，205頁）を役立てます。
⑧　医師に診療情報提供書（病院によっては指定様式）の作成依頼。
　急ぐ場合には，②の時点で依頼しておきます。
⑨　受け入れの可能性がある場合は，家族に入院相談に行ってもらう。
⑩　受け入れがきまれば必要に応じて当日の移送車の手配をする。
(2)　患者の家族からの相談の場合
①　一般論としての転院についての説明はするものの，主治医と連絡をとる必要があることを伝え，家族の求めに応じてソーシャルワーカーだけの判断で転院先を紹介するようなことは好ましくありません。
②　医師の了解もしくは依頼を受けてからのプロセスは(1)と同じです。

アドバイス

▶ 転院先を紹介するさいにはできるだけ事前にソーシャルワーカーが当該病院を見学していることが必要です（「福祉施設・医療機関等の見学」96頁参照）。

▶ 最近は，3ヵ月先の受け入れ先がきまっていることが受け入れ条件となっている病院がしばしば見られます。3ヵ月後には病状はどのように変化しているかわからない状態で受け入れ先を決定しておくというのは大変難しいことですが，入院待機期間が3ヵ月程度あるという病院にも申し込んでおくなどといった方法が一般的なようです。

介護保険施設への入所について

　自宅での介護はできないが，病状が安定してもはや医療行為の必要性がない場合や，施設でも可能な程度の医療行為ですむ状態の場合には，医療機関ではなく施設（介護老人保健施設や特別養護老人ホーム）への入所を検討します。

　施設を選択するのは，費用面と入所期間の長さがその動機となることが多くあります。たとえば首都圏の長期療養向け病院では，1ヵ月の支払いは15～20万円程度かかることが多いのですが，それに比べて介護保険施設では1ヵ月の自己負担はおおよそ8～10万円程度ですむからです。ソーシャルワーカーは紹介に当たって，次のような介護老人保健施設と特別養護老人ホームの違いを知っておくことは必要です。

　介護老人保健施設では，経管栄養などの医療行為は受けられるのがふつうですが，医療費が定額のため，高価な薬を使用している場合は入所を断られることも珍しくありません。一方で特別養護老人ホームでは，経管栄養などの医療行為は受けられない場合もありますが，医療施設ではないため，ホームに入所して医療機関にかかり高価な薬の服薬を続けることは可能です。

　特別養護老人ホームでは入所期間の制限はないためほぼ終身入所が可能ですが，その代わり入所には長い待機期間が必要です。介護老人保健施

設は，多くの場合入所期限があるため数ヵ月の待機で入所できる場合も多いのですが，6ヵ月後には次の施設を捜す必要性が生じます。

3. 同行・代行

同行・代行は，クライエントが問題解決をするに当たり，実施する能力が低下して行なえそうにない場合にのみ行ないます。同行とはソーシャルワーカーが付き添って，時には代弁するような場合をいい，代行とはソーシャルワーカーのみが，クライエントの代わりに単独で行なう行為をいいます。具体的には，物品の調達，他機関(福祉事務所・社会保険事務所・区市町村役場・社会福祉施設・各種相談機関・他病院等)の申請手続き，見学，相談，外出訓練などをさします。

手 順

① クライエントの課題解決能力をアセスメントする。

　クライエントに家族はいるのか，連絡はとれるか，その関係はどうかやその問題はどれだけ緊急性があるのか，ということをまずアセスメントします。

　さらに，クライエントの理解力，伝達能力，書字能力，金銭管理能力，身体障害の有無などについてもアセスメントが必要です。

② ①で同行・代行を必要と判断された場合，クライエントが外出可能かどうか担当看護師など院内職員とその実施について，連絡，協議する。

③ クライエントにソーシャルワーカーの同行・代行が可能であることを伝え，希望の有無を確認し，決定したら実施について目的など話し合い，決定する。

④ 院内職員や関係機関に事前連絡をする。

⑤ 同行する場合は，服薬の有無など，身体状況と同行中の注意や行なわなければならない事項，あるいは禁止事項を主治医や担当看護師に問い合わせる。
⑥ 同行する場合には，必要な介助，危険回避，代弁を行ない，クライエントの自己決定や遂行能力を高めるように働きかける。
⑦ 関係機関へは，正確な患者理解につながるような情報提供，連携につながるような働きかけを行なう。
⑧ 同行・代行後は，院内スタッフへ報告する。
⑨ フィードバックの面接を行なう。

同行を行なった場合には，プロセスを共有したことをその後の援助活動に活用するようにします。

アドバイス

家族が遠方，あるいは疎遠で家族調整が必要なケースなどで代行を行なう場合は，クライエントが依存的にならないような援助が必要です。つまり，"ソーシャルワーカーイコール何でもやってくれる人"にならないようにすることです。

ソーシャルワーカーが代行した方が迅速にいくことも多いのですが，クライエントのできる部分を侵害しないように，安易な代行はしないようにします。

〈事例6〉 キーパーソンをサポートする目的での病院見学同行

自宅介護が困難という判断で，医師から転院の依頼を受けた70歳の女性。患者自身は重度の痴呆のため，一人娘をキーパーソンとして援助を開始しました。

患者の身体状況，家族の通い易さ，経済状況に折り合える療養型病院を紹介しましたが，娘は一向に入院相談に行かずに2週間が経過しました。

ソーシャルワーカーは娘の気持ちを知るための面接を予定しました。娘

は家でも家事をするのが精一杯で，あとはゴロゴロしていないといけないこと，イライラするとお菓子を食べてしまうこと，壁の染みがだんだん大きくなってゆくこと，精神科にずっと通院しており服薬していること，入院歴もあることなどを話しました。ソーシャルワーカーは，娘になんらかの精神科的な障害があり，母親が転院する必要があることは理解しているけれども，新しい場に行くことに負担感があることを理解しました。

そのため，「転院先へ相談に行く時に一緒に行きましょうか」と提案しました。娘は一緒に行くのもドキドキするとのことでしたので，「先方の玄関で待ち合わせをして，貴女の代わりに相手に質問をしたり，お母さんのことを伝えたりと手伝えることがありますが」と提案をしたところ，同行を希望しました。

療養型病院に同行して，入院費用や洗濯物などについて具体的に質問するなどの援助をした結果，彼女は「良いところで安心しました。ここなら通ってこられます」と語り，転院をきめることができました。

▶金銭の出し入れ・管理を，必要があってソーシャルワーカーが行なう場合にはかならず一人では行なわないことが重要です。院内では師長や医事課職員などと同席することを必要条件と考えてください。そして，買い物の必要があるときなど，領収書を忘れないなど，慎重に取り扱うことはいうまでもありません。

他機関への代行の場合

- 各種申請手続きの代行の場合，障害年金の裁定請求などは委任状を必要とするものもあるため，事前に関係機関へ問い合わせをしておき，二度手間にならないようにします。
- 預かった書類は，紛失しないよう保管に注意し，用がすんだら，ただちに返却します。
- 関係機関へは名刺を持参し，簡潔に自己紹介します。

他機関への同行の場合
- 病院職員の同行は，訪問先の医学的情報を求められることもあるので，必要な情報を確認しておきます。情報提供は，患者・家族のプライバシーをおかさないように，あらかじめ情報提供の内容について，話し合っておくことが必要です（「関係機関への情報提供」107頁参照）。
- 患者・家族ができる部分はしないことが必要です。たとえば，介護老人保健施設の入所相談に同行し質問された場合，ソーシャルワーカーがすべて回答してしまうなどは，クライエント自身の課題解決のチャンスを奪うことになります。伝えられない部分を補足する，質問された意味を再度通訳する，緊張関係を緩和するなどが同行する目的なのです。
- デイケアの見学や転院先の入院相談の同行などは，この援助が援助プロセスの一過程であることを認識し，連続した視点を忘れないことが肝要です。つまり，クライエントの能力をアセスメントし，次回は一人でこられるか，一人で来所したときに予想される困難な点は何かを判断します。一人で来所可能と判断した場合には，具体的に注意点を示したり，関係機関へ紹介し，依頼しておくなど準備します。
- ソーシャルワーカーの交通費の負担はどうするか，交通手段はどうするかを日頃から院内で話し合っておきます。基本的にはクライエントの負担と考えるほうが，合理的でしょう。

物品調達の場合
- 急患で運ばれてきて，本人が動けない状態で家族と連絡がとれないとき，とりあえずオムツや着替えなどの調達が必要な場合，速やかに物品を調達します。東京都の場合はほとんどの市区町村で，福祉課や社会福祉協議会がオムツの支給を行なっています。

・このように，日頃から緊急時の対応については，地域の資源を調べておいたり，院内でも話し合っておきましょう。救急指定の病院の相談室は，ある程度の日用品を院内職員や退院患者の寄付などでストックしておくと便利です。

> **〈事例7〉 救急病院から転送入院になった男性に物品調達した例**
>
> ゴタゴタにまきこまれ刺傷した男性患者。私物は一切所持していません。退院にさいしても，着る物もない状態です。ソーシャルワーカーは職員に協力を求め，ポロシャツとズボン，少々大きめですが靴を調達してきました。下着の1枚から必要な患者も病院によっては珍しくないかもしれません。この病院のソーシャルワーカーたちは，日頃から，旅行先のホテルのアメニティグッズ(歯ブラシ，シャンプー)などはストックしておくように心がけています。

4．訪　問

訪問とは，病院内での面接ではわからない，あるいは解決できない場合に，その場に出向いていって援助を行なったり，行なうための情報を得ることをいい，具体的には家庭訪問，職場訪問をさします。

手　順

① 訪問の必要性を検討する。

以下のような場合には，家庭訪問が必要と考えられます。

(イ) 家族が面会にこない，家族の状況が不明，こちらから連絡しても病院にきてもらえないなどの事情があるが，クライエントの援助のため，どうしても家族のアセスメントが必要な場合。

(ロ) 身体障害があり，車椅子での生活など家屋改造の必要性が予測

　　　　される場合。
　　（ハ）障害を負って，入院している状態では在宅療養の決心がつかな
　　　　いときに，家屋評価の結果を具体的に示す必要がある場合。
　以下のような場合には，職場訪問が必要と考えられます。
　　（イ）職場へ復帰するに当たり，職場の理解が必要で，職場からの来
　　　　院がむずかしい場合。
　　（ロ）クライエントが病識や危険を察知する能力が乏しく，就労時・
　　　　通勤時の注意点をチェックする必要がある場合。
② クライエントと訪問の目的を話し合い，明確にし，希望の有無を確認
　した上で決定する。
③ 院内スタッフ，訪問先には，事前連絡をし，約束をする。
　　訪問先とのアポイントメントをとるときは，先方の予定を優先するこ
　とはいうまでもないことです。自分が忙しいことをいいたてることは，
　クライエントの利益を損ねるということを自覚することが必要です。ソ
　ーシャルワーカーの方が一日しか都合がつかない場合は，お願いをする
　姿勢が必要です。
④ 訪問先へは，TPOに応じた服装をし，名刺を持参し，簡潔に自己紹介
　する。
⑤ 目的に応じて，院内スタッフ（リハビリスタッフや看護師）や地域の関
　係者（ケアマネージャーなど）と打ち合わせし，同行する（「同行・代行」
　44頁参照）。
⑥ 生活障害となりうる点（段差・車椅子のスペースなど）は注意深く観
　察する。
⑦ 関係機関へは，正確な患者理解につながるような情報提供，連携につ
　ながるような働きかけを行なう。
⑧ 訪問を終えた後，院内職員へ報告する。
⑨ フィードバックの面接を行なう。

アドバイス

家庭訪問の場合

▶必要のない訪問はしないこと。近くにきたので寄った……などはもっての他です。

▶家族がなかなか来院しない，あるいは来院が困難な場合には，家庭訪問を行なうこと(家庭で面接を行なうこと)により，心理面へのサポートをすることもできます。そのような場合にも，家族と事前に約束をとることが必要です。「近くにきたので」というやり方は，専門職としてのマナーに反します。

▶家屋改造を目的として，リハビリスタッフと訪問した場合には，PT や OT の助言と，クライエントの生活のしかたから見て改造が適切かどうか，さらには経済面でのできる範囲や希望との間を調整することが，ソーシャルワーカーの役割の一つです。

▶訪問先でのもてなしには応じないことが原則です。

職場訪問の場合

▶病院職員の同行は，医学的情報を求められることもあるので，必要な情報を確認しておきますが，情報提供については，あらかじめクライエントとどこまで提供してよいかを話し合っておきます(「関係機関との情報交換，協議」62 頁参照)。

▶一方的にクライエント側の都合を押しつけるのでなく，職場の論理を受けとめた上で折り合う接点を探していくことが重要です。訪問での対応が，関係悪化・受け入れ悪化につながることもあります。職場の上司を共感的に理解し，非審判性をもって，その上でクライエントの事情を代弁することが必要です。

5．医師の説明の場への同席

「医師の説明の場への同席」とは，医師が患者・家族に対し，病状や治療方針を説明したり，今後の方向づけを話し合う場面に同席することをさしています。医師が行なう説明を患者・家族と共に聞き，その後の援助に役立てたり，第三者としてのソーシャルワーカーが同席し，通訳機能や代弁者機能を果たすことで，患者－治療者のコミュニケーションを深める目的があります。

手 順

1) 患者・家族から同席を求められた場合

① 医師の説明の場への同席の必要性を患者・家族と話し合う。
② 医師に，同席することを事前に伝える。
③ 同席する。

　　診療の場面で同席する場合は，診療の妨げにならないよう配慮することはいうまでもないことです。診療場面では，時間的制限もあるため，時間を要する場合は，別の場面を設定するなどの工夫が必要です。

　　患者・家族は，医療者の前では緊張して自由に質問できなかったり，医療者が専門用語を使うために理解できないこともあります。そうした状況を把握し，代わって質問したり，聞き直したりし，理解が促進されるように努めることが大切ですが，医師の立場に立ったり，代わりに説明するようなことはするべきではありません。第三者の立場であることを示すために，座る位置にも注意します（医師－患者・家族と三角になるように座る，患者に近い場に座る，など）。

④ 同席後，面接を行ない，患者・家族がどう理解したかを確認する。
⑤ 医師に報告する。

2) 医師から依頼された場合

① なぜ同席を求められたかを確認する。

聴覚障害者や外国人であるというだけの理由であるならば，手話通訳派遣や通訳派遣を依頼すればよいことです。社会資源をマネジメントし，側面的にサポートすることは不可欠な援助ですが，だからといって，ずっと一緒にいる必要はないのです。もちろん，患者が心細そうで，ソーシャルワーカーの同席を求めた場合には，この限りではありません。

② 医師から，ソーシャルワーカーの紹介や同席の趣旨を説明してもらう。

③ かならず患者の同意を得る。

医師がソーシャルワーカーの同席を求めても，患者がソーシャルワーカーの同席を望まない場合，その意思は尊重されるべきです。

以下の手順は，患者や家族から同席を求められた場合と同じです。

アドバイス

▶医師から同席を求められた場合で，たとえば医師の代わりに理解が困難な患者に説明して欲しいなど，ソーシャルワーカーができないことを依頼されたときには，医師との信頼関係を損なわないように注意して断ります。たとえば，ワーカー―クライエント関係を築くために弊害があり，かえって逆効果であるとか，クライエントの気持ちを聞くためには，別に面接を設定したほうが効果的であることを説明するなど，理解を得るよう話します。その場合，クライエントにあらかじめ主治医に報告することの了解を得てから，面接の"結果"を報告し，連携に努めることが重要です。

クライエントが，ソーシャルワーカーが同席しないと，医師に気持ちを伝えられなくなるなど，同席面接を行なうことで，クライエントの依存性を高める危険性もあることを忘れないようにします。

医療不信・不満の相談ケースは，不安や怒りの傾聴による面接で解決する

こともあり，診察同席の必要はないこともあります。患者側の気持ちを代弁するあまり，ソーシャルワーカーが同席の場で，医師に対して不信感を表明したり，攻撃的な態度をとることはけっしてしてはいけないことです。

クライエントによっては，医療者以外に処置などの場面を見られることに抵抗を持つことがあります。こうした点にも配慮することが大切です。

重度障害が残ることの宣告では，医師の説明の後で，これからの生活の上の困ったことの相談に乗る人として，ソーシャルワーカーが紹介されることは，クライエントの不安の軽減に役立つ効果があります。また，エイズ，神経難病，がんのターミナルなどの宣告にさいしては，ソーシャルワーカーの同席が有効であるということを医師，看護師に折にふれ伝えていくことで，同席の機会が増えるよう働きかけることは大切です。

〈事例8〉 医師の病状説明の場への同席・効果のあった場合

　Sさんは子宮頸がんで長期入院が必要だが，本人は短期で退院し復職するつもりでいました。経済的な問題がある上，単身者のため長期入院できる条件作りをする必要性があり，ソーシャルワーカーは，Sさんに正確な病状を告知し，長期入院への決断を促す必要があるとアセスメントし，主治医に報告しました。
　<u>主治医がSさんに病状を告知する場にソーシャルワーカー同席。</u>
　主治医は，Sさんのキーパーソン的役割を果たしていた雇い主にも同席してもらったほうがいいと来院を求めていましたが，ソーシャルワーカーはまず「雇い主にも一緒に全部聞いてもらった方がいい？」とSさんに確認[*1]。Sさんは「すべて話してもらいたいが，自分とは別々に話してほしい」と希望し，Sさんだけに説明することになりました。
　主治医「子宮頸がんのⅢ期。今後放射線治療もしくは化学療法をし，手術可能な状況になっていれば手術する。計6～8ヵ月の入院になる」と説明。Sさんは「近医で子宮筋腫といわれていたので短期の入院のつもりできた。ペットを飼っているのでそんなに長く入院できない。それと長く仕事をしなかったら復職もできない。お金の用意もない」と。ソーシャルワ

> ーカーは「手術をしなかったらどうなるのか？ 通院治療ではできないのか？」と主治医に質問[*2]。主治医は「放射線治療のみで，手術をしなかったら5年生存率が40％。」「放射線治療の間は通院でもOKだが，Sさんは一人暮らしなので，何かあったとき救急車を呼んでくれる人もいない状況では通院は勧められない」とのことでした。
>
> 　Sさんはなおも入院をためらうので，ソーシャルワーカーが主治医に，「このまま放置するとどうなるのか」と聞くと，主治医は「ほおっておくと尿が出なくなり死に至る」と説明され，Sさんは入院を決意しました。ソーシャルワーカーは「医療費のことなど具体的な心配事はソーシャルワーカーと相談していこう」と伝えました。最後にSさんは「雇い主には3ヵ月程度の入院と話して欲しい」といいました。
>
> 　＊1　Sさんにとってもっとも安心できる状況作りをする。
> 　＊2　患者の病状理解が進むように，医師に質問をする。

　しかし，このような効果も場合によっては，逆効果になることを知っておきましょう。たとえば次の事例を読んで考えて下さい。

> 〈事例9〉　医師の病状説明同席後にクライエントと医療者側の
> 　　　　　関係が悪化した例
>
> 　頸髄損傷の男性患者。障害の内容や，将来の生活のイメージを理解してもらうための医師の説明の場に，看護師，リハビリ訓練士，ソーシャルワーカーが同席しました。クライエントは一人で訓練室でベッドに寝たままで，医師の話を聞きました。彼はヘラヘラと聞いているという印象でした。
>
> 　その後，彼は訓練を拒否し，食事も拒み，毛布をかぶって看護師の声かけにも反応せず，医師やソーシャルワーカーを無視するという態度が続きました。ソーシャルワーカーは，遠方の家族に連絡を取り，協力の要請をしたり，カンファレンスで彼への対応について協議を重ねましたが，面接をすることはできずに時間が経過しました。
>
> 　その退院直前に，彼は担当のPTに「転院当初，右も左もわからなかったなかで，沢山のスタッフのなかで裁判を受けているようだった」と，当時のことを語りました。大勢のスタッフが同席をして，障害について説明

をすることは，ときとしてクライエントを追い詰めてしまうことがあります。がんの告知，障害の告知などは，気遣う人が沢山いればそれで良いというものではないことを，この事例は教えてくれています。

6. 院内スタッフとの情報交換，協議

「院内スタッフとの情報交換，協議」は，クライエントにかかわっているさまざまな専門職と援助方針を確認・調整し，より多面的なクライエント像を把握することによりソーシャルワーカーの援助方針を確実にし，クライエントを取り巻く専門職や関連機関がそれぞれ異なった方針のもとで援助を行なうことにより，クライエントがこうむる不利益や効率の悪さを回避するために行ないます。

手 順

① どの職種と，どのような情報交換・協議が必要か，また報告はどこに行なうべきかを考える。

　チームリーダーである医師，ソーシャルワーカーへの援助依頼者に援助方針を報告するのはチームメンバーとしての義務であり，マナーです。クライエントに対してどの専門職がかかわり，どんな援助を行なっているかを具体的に理解し，援助方針に関して課題が重複する専門職があれば，各専門職の援助方針がくい違いを起こさないよう情報交換，協議を行ないます。

② どのように報告するかを検討する。

　報告を行なう場合，こと細かにソーシャルワーク・プロセスを説明するのは，ソーシャルワーカーの自己満足にすぎず，他職種の関心をそぐ場合もあります。このことは，医師がソーシャルワーカーに病状や治療

方針を説明する場合，手術の術式まで説明しないのと同じです。相手のニードに適った内容の報告ができるよう，意識することが必要です。報告対象の専門職と関係のある課題に関して，① どのような課題を持っていて，② その課題は解決可能かどうか，③ そのための援助にどれくらい時間がかかりそうか，④ そのためにどのような協力を要請したいかを，伝えることを基本に考えます。

③ 必要な場合は，援助方針の調整のために協議を行なう。

協議を行なう場合には，「援助に関して相談したいことがある」と切り出すなど，相手の協力的な態度を引き出すスキルが必要です。しかし，同時に，何を，どのような理由で協議したいのか，という点に関しては明確に言語化し，焦点をぼやけさせないことが重要です。

チーム内で，個々の専門職の情報収集や提供が一方通行にならないように留意します。とくに，3職種以上の間で協議が必要な場合は，情報の行き違いを避けるために，協議を必要とする職種が一堂に集まり，カンファレンスを持つことを提案します。

アドバイス

▶ ソーシャルワーカーに対して理解が浅い職種や，初めてソーシャルワーカーを導入した病院では，「いったい，ソーシャルワーカーは患者と何をしているのか」といぶかられることがありますが，このような場合，報告・協議を利用してソーシャルワーカーへの理解を促します。報告を行なうことで，ソーシャルワーカーの動きがチームメンバーに見えるものになるので，ソーシャルワーカーの動き自体がスタッフに対してストレスになるという事態を避けられます。

▶ クライエントが，「院内職員に内緒にして欲しいのだが……」と，打ち明けたことは，秘密を保持するべきです。もし，ソーシャルワーカーが，その職員に伝えた方がクライエントの利益に結びつくと判断した場合は，その旨クライエントに話し，了解を得るのが適切です。それでも，

やはり内密にして欲しいとクライエントが希望したことについてはリスクについてのアセスメントをした上で，その意思を尊重するのがプライベートな情報を扱う専門職としての姿勢です。

情報収集・交換・協議をスムースに行なうために

情報収集・交換・協議をスムースに行なうためには，日常から，他職種に関して理解を深めていることが不可欠です。具体的には，下記の点に留意するとよいでしょう。

・院内スタッフの役割を理解する。

スタッフの仕事内容や立場について，ふだんから公式的なことばとしてのみではなく，具体的に理解することが必要です。

・個別のスタッフの傾向を知り，対応のしかたを心得る。

上記にかかわらず，個々のスタッフの得手・不得手もあることを理解することは重要です。職種によってこうあるべきだと思いこまず，柔軟な対応を心がけます。たとえば，医師は身体の治療のみに関心が高い，看護師は日常ケアを行なっているから，患者の悩みや不安をわかるはず，などと先入観をもって判断することは避けます。

・スタッフのソーシャルワークに対する理解度を知っておく。

相手によっては，ソーシャルワーカーが何の目的で情報交換しているのかが，わからない場合があります。情報交換の目的を具体的に申し添えるなど，相手のスタッフの理解度に応じて説明のしかたを工夫します。

・日常的な院内のネットワークを作っておく。

ふだんの何気ない会話のなかでも，患者・家族の情報やスタッフの考えを知ることができます。ふだんから，意識的に対応することを心がけることが大切です。

・情報の収集にさいして，相手に礼を失せずより良い関係が作れるようにする。

忙しい外来時間や申し送り時間に，アポイントもなく情報を収集しようとするなどは，非常識極まりなく関係自体を破壊します。コンタクトは，比較的余裕のある時間帯にとるようにします。また，そのさいには，かならず，今時間をさいても構わないか，を確認することを忘れないで下さい。

さらに，込み入った協議の場合には事前に予約をとるなど，T・P・Oを考えた対応を行なうようにします。

情報交換用シートを作成した例

　多くの医療機関で在院日数の削減が経営上最優先課題になっており，ソーシャルワーカーに早期退院への援助を期待されることも多くなりました。ソーシャルワーカー側では，スタッフと十分に情報交換を行ないながら援助を進めて行きたいと考えていても，スタッフ側は忙しく，わざわざ時間をとって情報交換できない場合もあります。患者のその後の変化などがタイムリーにソーシャルワーカーに連絡されないため，転院がきまって病棟に連絡をとったところ「先週から熱発のため転院できません」などといわれ，先方の病院にも失礼にあたるし，ソーシャルワーカーとして憤慨するような事態も生じます。

　そのようなケースではスタッフ側を責めていても"こと"は改善しないので，ある病院のソーシャルワーカーは巻末資料（C，198頁参照）のような連絡用紙を作成し，週に一度その病棟でソーシャルワーカーがかかわっている転院援助患者の経過を簡潔に書いて病棟に送り，返答をもらうことにしました。この程度なら，スタッフ側の負担も少なくてすむため，協力は得られやすいのではないでしょうか。情報交換・協議の形はさまざまであり，ソーシャルワーカー側でできることはどんどん工夫していく姿勢を持つことは大事です。

院内スタッフとの情報交換，協議の例——不穏状態があって一般病院で対応できないという依頼

（1）　依頼者である看護師から詳しい情報を確認する。
　　① 　患者の状態はどうか。不穏状態はどのくらい続いているのか。
　　② 　具体的な看護内容。不穏行動のどの点がどのように大変なのか。
　　③ 　主治医の意見と，これまでの協議の内容。
　　④ 　これまで，家族とどのような話し合いを行ない，また看護スタッフ

としてどのような工夫を行なってきたか。
⑤ 転院以外の解決の方法はないか。

　転院ということばがでているからといって,すぐに転院先探しするわけではありません。どのような経緯で今に至っているのかを確認し,場合によっては,「どのような対応ができるか,可能な方法を検討していこう」というように,依頼の趣旨をソーシャルワーカーの立場から規定し直します。

　看護が困難であることが理由で転院を検討する場合,看護師にとっては自分たちの力量不足を責められるのではないかと防衛的になっている場合もあります。このようなようすがうかがえる場合は,情緒的に安定した状態でこれまでの経緯を説明し,今後の方針を建設的に検討できるよう,ソーシャルワーカーは共感的に聞くことを心がける必要があります。

(2) 医師の意見の確認
① 不穏状態がなかった場合の治療方針・入院見込み。
② 不穏状態の原因：器質的な原因か,投薬の副作用か,入院による生活の変化といった環境要因によるのか。
③ 今後どの程度継続する見込みか,軽減・悪化の可能性。
④ 医学的管理下におく必要があるのか。たとえば,在宅での療養など,入院以外に選択肢は考えられるか。
⑤ 他院転院についての意見。例：本来的な治療は当院でなくては行なえない治療なのか。
⑥ 患者や家族とのコンタクトの経過。
・今回の問題に関して,患者や家族にどのように説明したか。
・患者や家族の反応はどうだったか。
・医師から患者や家族に説明していない場合は,医師から説明してもらう。

⑦　患者や家族に，ソーシャルワーカーを紹介した場合には，どのようなことばで紹介したか。
（3）　地域の状況について情報収集
①　不穏状態があっても受け入れ可能な病院・施設があるか。どのような病院・施設か。
②　自宅に退院してようすをみるとしたら，どのような在宅福祉サービスが利用可能か。
③　その他，新しい制度や負担を軽減するような資源はないか。
（4）　患者や家族との面接
①　患者の状況に関する医師・看護師からの説明をどのように受け取ったか。
　　（例：「医師からはどのように説明を受けましたか」と質問する。）
②　医師・看護師の説明に対してどのように感じたか。
　　（例：当惑，自分たちはどうしたらよいのかわからない，退院は困難だからなんとか入院を継続させてほしい，など。）
③　家族の患者に対する印象はどのようか。
　　（例：医師がいうほど大変な状態とは思えない，入院する前から状態は同じだった，など）
④　患者の不穏状態に関する病状・今後の見込みに関する医師の説明（(2) の①から⑤）をどのように理解しているか。
⑤　理解が不十分な場合，病院での状態と家族の印象とに食い違いがある場合，その理由はどこにあるのか。
⑥　患者や家族の状況，地域の状況から考えられる対応には，どのような方法があるかを家族が検討できるよう援助する。
　　・家族との接触が増えることで不穏行動が落ち着く可能性があるなど，家族のかかわり方によって患者の状態が変化する可能性がある場合，それが可能かどうか（家族の事情——時間的・経済的に患者

のためにさけるどうか――, 家族関係).
- 在宅で療養するとしたら, どのように社会資源を組み込めるか, それで対応可能か.
- 転院するとしたら, 経済的その他の事情から, どのような病院・施設が利用できるか.

(5) 入院治療を続ける方向を検討する場合は, どのような協力体制が組めるかを検討するために, 看護師・患者・家族との合同面接を設定するなど, 課題に応じた援助の方法をとる.
(6) スタッフに報告する.

カルテやケース記録を読むこと

　カルテや看護記録読みには, 過去の疾患や身体的症状, 入院に至る経緯, 他職種の評価, 病棟でのようすに関する情報を得ることで, 面接を通じてでは把握できなかった患者像を把握できる意義があります. またケース記録は, 読み返すことで, 経過の長くなった患者の方針を再確認できたり, 患者の変化を評価し, 援助方針を再検討できます. とくに長期にわたるケースでは, 適宜, 記録を読み返し, 患者への援助内容を再点検することは, 重要です.

　これらの"文書"は, 機関が利用者に行なったことの"証拠"であり, 今後の援助方針をきめるための根拠となる最重要文書ですので, 取り扱いに関しては, 十分注意する必要があります.

カルテを閲覧する場合

　カルテを閲覧する場合は, かならず保管者・管理者にその旨ことわり, または所定の手続きにしたがって借り, 閲覧後はただちに所定の場所に返却します.

　カルテや看護記録は, 院内でも最重要文書であることを自覚し, 取り扱いに注意します. その患者がいつ急患として来院し, カルテが必要になるとも限らないので, ソーシャルワーカーが使用しているということを明確

にする手続きは確実にとっておきます。もし，院内にそのような手続きが規定されていない場合は，閲覧はカルテ保管場所のみで行なうのが，もっとも無難な方法といえるでしょう。

　カルテは，重要な個人情報で構成されています。絶対に，院外の人の目に触れさせてはいけません。

7. 関係機関との情報交換，協議

　クライエントの課題や問題に対処するのに，所属機関の機能のみでは援助が完結しない場合，他機関に援助を依頼したり，協働する必要がでてきます。このとき，その機関に援助の可能性について相談したり，効果的に援助を行なうために，各機関の援助方針を確認したり，調整することが必要となります。介護保険スタート以後，地域のさまざまな機関と情報交換，協議する機会が増加しています。「関係機関と相談，情報交換」とは，このようにクライエントをめぐって関係する機関と連携をはかり，相談や情報の交換を行なうことをさします。

手　順

① どのような機関がかかわっているかを，クライエントに確認する。

　その機関がクライエントに対して，どのような援助を行なっているかを具体的に理解します。

② ソーシャルワーカーが，関係機関に直接連絡した方がよいと判断した場合は，情報交換の目的を明確に伝えつつ，クライエントにそのむね提案する。

　本人の了解なく関係機関と情報交換を行なうことは，プライバシーの侵害になります。関係機関と情報交換を行なう場合には，それにより得

られる意義と、相談した方がよいと判断される内容をクライエントに説明し、了解を得る必要があります。
③　いつ・どのような方法で情報交換を行なうのが適切かを考える。

　おもに、電話や文書での連絡となりますが、複雑な事例のときなどは、訪問して面談するようにします。電話は、複雑な情報交換には向かないことを意識する必要があります。求めに応じて先方が来院した場合は、忙しいなか、来室してくれたことを考慮して、適切に応接します。

　相手が不在でなかなかつかまらないことが多い場合は、文書を作成するなど、連絡方法を工夫します。

　近年eメールによる連絡が多く用いられるようになりました。自分の都合の良い時間にメールを送信することができ、受け取る側も自分の都合の良いときに読めるので、非常に便利です。しかしファックス同様、誤送信の危険性については十分注意を払い、患者氏名をふせるなど、細心の配慮が必要です。

④　情報交換・協議を行なう。

　まず、協議の目的を明確にします。基本的には、お互いの援助方針を確認し合い、調整が必要な部分を明確にします。明確になった部分に関して、自分の機関ではどのような対応をとることが可能か、それぞれが申し出るようにします。先方に協力を依頼したいという気持ちが先立って、「○○をしていただきたいのですが」といった要求の形をとるのは、先方の主体性を損ねることになるので、避けなくてはなりません。

クライエントを関係機関に紹介する場合

　クライエントに関して援助できそうかどうかを、関係機関に打診する場合は、秘密保持のため「このような問題をかかえたクライエントなのだが」と、クライエントを特定できない形で問い合わせます。

　もし、援助の見込みがある場合には、クライエントの了解を得て、先方

に名前を伝えます。先方の機関にはクライエント自身が出向き，その機関と契約を結ぶようにします。

なにもかも，ソーシャルワーカーが行なうことは，クライエントにとって，今自分は何をしているのかがわからなくなってしまったり，クライエントが「自分は何もできない人」との気持ちを抱くこともあり，むしろ逆効果になる場合が多いものです。ソーシャルワーカーがクライエントに代わって援助申出を行なう場合には，"代行"であることを意識して，その効果をアセスメントします。

関係機関から情報の提供を求められた場合

地域で在宅サービスを提供している機関から「○○さんは通院していますか？ 本人は通院しているといっているが，病状が悪化しており薬を飲んでいるとは思えない。通院状況を教えてほしい」などといった問い合わせが入ることがあります。

このような問い合わせを断ることは，とくに経験の浅いソーシャルワーカーには難しいことです。しかし関係機関との良好な関係を壊したくないからといって，患者の情報を伝えることは守秘義務違反であり，まして，このような例では，「通院していないことを確かめたい」ということが問い合わせの意図であることは明らかです。

そこでこのような場合ソーシャルワーカーは，通院の有無は答えられないことを伝えるだけではなく，「自分も病状について知りたいので次回の通院には同行させて欲しいとクライエントに聞いてみてはどうだろうか」，とその人に提案をしてみることも有効かもしれません。

関係機関に情報提供しても良い場合

患者の秘密保持はソーシャルワーカーにとって大切な価値の一つですが，以下のような場合では関係機関に情報提供することは差し支えありません。

① 生命の危機が差し迫っているとき

たとえば，自殺をはかる恐れがあるような場合で「ソーシャルワーカーであるあなたにだけに話します。もう生きていることはできない」といわれたような場合では，秘密の保持の原則は破ってもよいのです。近隣の関

係機関に患者の情報を伝えて適切な助けを求めることをまずすべきです。
　②　虐待が疑われるとき
　虐待が疑われるようなケースでは，子どもの安全の確保が最優先事項のため，児童相談所や福祉事務所に通告が必要です。このような場合は，ソーシャルワーカーの守秘義務規定は外れ，通告は義務であることを知っておくべきです。

アドバイス

▶所属機関の機能，そこでのソーシャルワーカーとしての機能を超えている課題である場合は，すみやかに，適切な他機関を紹介することが必要です。すべての問題を自分の部門で抱え込んでしまうことは，むしろ，クライエントに不利益を被らせることにつながります。

▶関係機関は，外部機関であるため，情報交換にさいしても，院内職員とは異なった点に留意する必要があります。手順に述べたように，クライエントのプライバシーの侵害になることを避けることと，相手機関の主体性を尊重する姿勢は，とくに重要だといえます。

▶クライエントの個人情報をファックスでやりとりする場合，万が一，番号ミスで別な場所に送信してしまったときに，クライエントの情報が完全に漏れてしまう危険性があります。ファックスを利用するときは，氏名など個人を特定する部分を修正テープ（マジックでなく）で消してから（事前に先方機関にそのような形で送信する旨を伝え）送信します。そうすると，受け取ったソーシャルワーカーが氏名を書き加えることができます。

関係機関と相談，情報交換の手順の例──経済的な問題を持った患者が救急入院した場合

　①　スタッフから患者にソーシャルワーカーを紹介してもらう。
　　スタッフが，「入院生活上，たとえば医療費の支払いなど，心配がある

ようなら，ソーシャルワーカーを紹介する」と患者に伝えることで，"入院に当たって生じる問題の解決を援助する専門職員"というソーシャルワーカーの立場を患者に明確にできます。
② 本人と面接し，入院に当たって生じた問題を明確化する。
　　このような問題の場合，ソーシャルワーカーはとかく病院の"未収金回収係"に見られることがあります。自己紹介を通じて，"援助を行なう"というソーシャルワーカーの立場を明確にする必要があります。経済的な問題を抱えていることと，援助を受ける意志があることを確認します。
　　経済状況（保険加入の有無や手持ち金や収入状況），就労状況，家族状況などの生活背景を確認します。
　　問題解決の方法として，生活保護制度があることを紹介し，申請の意志を確認します。患者自身で申請できない場合には，ソーシャルワーカーが代行できることを申し出て，患者からの依頼を受けます。
③ 住所が不定の場合，救急搬送された場所（倒れた場所）が管轄の福祉事務所となるので，カルテからでは確認できない場合，搬送を担当した消防署に搬送場所の確認をとる。
④ 福祉事務所に連絡をとる。
　　さかのぼって生活保護を開始することがむずかしいので，救急入院当日に福祉事務所に連絡することが必要です（遡及ができるのは，役所が休みのとき，夜間の場合だけです）。

〈連絡する内容〉
　　（イ）　本人の状態や搬送場所・日時・手持ち金・家族状況など。
　　（ロ）　本人の申請意志が確認できているかどうか，また，意識不明の状態で意志確認ができない場合にはその事情。
　　（ハ）　必要最小限の情報を提供し，福祉事務所が行なうべきことは代行しないようにします。

8. ケース・カンファレンスへの参加

ケース・カンファレンスは，具体的な課題を抱えた患者への援助方針を決定するために，その患者にかかわっているスタッフ・関係機関が一堂に集まって行なうものです。カンファレンスを開催することにより，他のチーム・メンバーの援助方針を知ることができたり，チームとしての援助方針を確認することができたりします。さらに，チーム・メンバーの役割分担を明確にすることもできます。ここでは，(1) 他部門から参加を要請された場合，(2) ソーシャルワーカーがケース・カンファレンスを開催する場合について紹介します。

手 順

1) 他部門から参加を要請された場合

① 依頼内容，参加を確認する。
　出席を求められた場合は，できる限り出席することです。出席できない場合は，主催者にその旨を伝え，ソーシャルワーク報告を作成し，代読してもらうなどの工夫をします。
② 必要に応じてソーシャルワーク報告を作成する。
　テーマに沿い，提供する情報やアセスメントについて整理する。
③ 終了後，フィードバックを行なう。
　カンファレンスに参加した結果，ソーシャルワーク援助にどのように効果があったかを主催者に伝えます。

2) ソーシャルワーカーが開催する場合

　スタッフの方針が不明確であったり，スタッフによって対応が異なる

ため患者が混乱していたり，スタッフに情報を共有してほしい場合等，有効と思われた場合は，ソーシャルワーカーは積極的にカンファレンスを開催します。

① チームリーダーにカンファレンスの開催について打診する。

　たとえば，病院内の患者の場合，チームリーダーは主治医です。また，地域で介護保険を利用している方の場合，ケアマネジャーがキーパーソンとなる場合もあります。カンファレンスが必要と考える理由を的確に伝え，開催について提案します。

② カンファレンスの目的・参加メンバーを検討する。

　現在かかわっているメンバーだけではなく，今後かかわってほしいメンバーにも参加を働きかけます。

③ 開催日時・場所の調整を行なう。

④ 終了後，フィードバックを行なう。

　出席したメンバーに，カンファレンス開催の結果，患者にどんなメリットがあったかを具体的に伝えます。

　他機関とこのようなカンファレンスを企画することは，ソーシャルワーカーの重要な機能です。たとえば次の事例などは，その効果が良く表れています。

〈事例10〉　他機関との合同カンファレンスの企画

　知的障害者で，肥満に対してのリハビリテーションを受けているクライエント。福祉事務所担当者や地域作業所指導員から「作業所内で病院の話ばかりして，最近作業に集中していない。病院に行くといってよく休む」「リハビリの効果があるのか，訓練態度など病院でのようすを知りたい」とソーシャルワーカーが相談を受けました。一方，病院では，訓練士や栄養士から「訓練や指導の効果が得られない」「患者の話には嘘もあるようだし，本当の生活実態を把握したい」との話もちょうどありました。

　ソーシャルワーカーは，クライエントに「今度，どうしたら○○さんの

ためになるか皆で話し合おうかと考えているけど,いいかな?」と了解を得た上で,クライエントにかかわる他機関のスタッフと病院内のスタッフとの合同カンファレンスを開くことを提案し,合意が得られ,日程調整を行ないました。

カンファレンスの結果,クライエントの生活状況について双方の機関の理解が深まり,作業所での目標作り,リハビリでの訓練目標の再認識をクライエントとともに行なうことをきめ,しばらくようすを観察し効果がないようであったら,生活訓練施設への入所をクライエントに提案していくことを合意しました。

このように,多くの機関がかかわるクライエントへの援助には,全スタッフの援助目標,ゴールを共有するためのカンファレンスが効果的です。

9. 社会資源の開発・創出

クライエントを援助するとき,社会資源のあまりの貧弱さに絶望的になることは,ソーシャルワーカーなら誰でも経験することでしょう。そのとき,身のまわりに有効な社会資源がないと断じてしまわずに,不足しているものを新たに作り出したり,視点を変えることで既存のものを効果的に利用したり,有効に活用できるよう社会資源に変化を求めていくことは,大切な業務だといえます。

ソーシャルワーカー自身が歩く社会資源であることも,十分自覚しておくべきことです。この業務の前提としては,クライエントの問題,課題,すでに利用している社会資源について,情報収集し,アセスメントができていることが必要です。

手 順

① クライエントが必要としている社会資源がどのようなものかを検討する(「社会資源の情報提供」32頁参照)。

② それが活用できればどんなメリット・デメリットがあるか十分検討する。
③ 既存の社会福祉制度など身近なものを検証する。

　日頃より社会資源に関するアンテナをはりめぐらしておく姿勢が必要です(地域の行政が発行している新聞,ミニコミ誌,就職情報紙,など)。

　制度はその名称などを覚えるのみでなく,また条文をただ読んで理解するのみでなく,その行間を読み,何とかクライエントに役立てられないかと考える姿勢が必要です。

④ どの社会資源の,どのような点が活用を困難にしているのかを検討する。

　たとえば,社会福祉制度を考えた場合に次の4通りがあります。

　(イ) 制度そのものがない(行路病人が療養に必要な物品を手に入れる方法がない,など)。

　(ロ) 制度はあるが,制限があってタイミング良く活用できない(車椅子を身体障害者福祉法の制度で作成しようと思っても,申請に時間がかなりかかる,など)。

　(ハ) 制度はあるが,制限があって活用しにくい(神経難病患者のショートステイなど)

　(ニ) 制度はあるが,個別的な利用ができずに融通が利かない(高次脳機能障害者が身体障害者福祉法の制度を利用できない,など)。

⑤ 問題に応じて介入のポイントを定める。

　(イ) 制度そのものがない。

　　以下をチェックする。

　　＊社会福祉制度以外のものや人で求める役割が果たせないか。

　　＊類似する社会福祉制度を応用できないか。

　　＊制度そのものを創ることはできないか。またそのような動きが他にないか。

例：一部の自治体で実施されているオーバーステイの外国人の医療費助成制度はソーシャルワーカーたちの活動によって行政を動かした例です。
- （ロ）　制度はあるが，制限があって活用できない。
  - ＊どのような制限があるか（所得制限のように根拠法の大きい問題か，あるいは量を超える問題か，など）。
  - ＊利用者側の問題はないか（金銭的負担の問題，環境の問題，手続き上の煩雑さの問題，など）。
  - ＊その制度は妥当なものか，解決できる余地はないか。
  - ＊社会福祉制度以外のものや人で求める役割が果たせないか。
- （ハ）　制度はあるが，制限があって活用しにくい。
  - ＊活用できるのは質量的にどの程度であるか，不足するのは何か。以下（イ）と同じ
- （ニ）　制度はあるが，個別的な利用ができずに融通が利かない。
  - ＊現行の制度と希望しているものとの差の開き具合はどの程度か。
  - ＊社会福祉制度以外のものや人で求める役割が果たせないか。

⑥　介入のポイントに従い，必要な人，もの，機関に働きかける。
⑦　公的なもの，組織的なもの以外にも利用できるものを発見し，検討する努力をする。

アドバイス

▶社会資源を広くとらえ，開発・創出する気構えを持つことが大切です。ない，ないという姿勢ではなく，なければ作り出していこうという姿勢が，ソーシャルワークの原点です。

▶働きかけの対象によって方法を考えます。たとえば，企業のフィランソロピー（社会貢献活動）を巻き込んで，援助体制を組もうとする場合，企画書の書き方，電話のしかたなど，十分工夫する必要があります。

▶関係団体と協力して，新たに制度を作り出すようなソーシャル・アクシ

ョンを，つねに意識下に置いておき，活動することが大切です。
▶ボランティアとの連携は，このような業務では，もっとも大切な方法といえます。

〈事例11〉　人工透析患者の送迎ボランティア・グループを
コーディネートした例

　人工透折患者は週に数回の通院を必要としています。朝夕の通院は目の不自由な方も多く，バスなどの公的な交通機関を利用すると，大変時間もかかり，足などの弱い人は，それだけで大変な労力を要することです。病院のソーシャルワーカーが中心になって，送迎ボランティアを募り，車で送り迎えするグループを結成しました。さらに，交通事故や介護中の事故についてはボランティア保険に加入することで補償の問題もクリアしました。
　一人ひとりの送迎のために，プログラムを組むことは，実際無理があります。このグループの活動のおかげで，社会資源の不足が少しは解決されたわけです。

3章　ソーシャルワーク記録の作成

「ソーシャルワーク記録の作成」は、クライエントに関するソーシャルワークの活動記録を作成することです。

目　的

ケース記録作成の目的は以下のとおりです。
① 責任ある援助を行なった証拠として、活動記録を残し、説明責任を果たす。
② 機関の責任として、援助の継続性を確保する（ソーシャルワーカーの不在や交替時に備える）。
③ 経済的・心理的・社会的アセスメントの基礎資料とする。
④ 面接の適切性をふり返る。
⑤ ソーシャルワーカー自身の自己覚知をはかる。
⑥ スーパービジョンの資料とする。
⑦ 統計・調査・研究の基礎資料とする。
⑧ ソーシャル・アクションの資料とする。
⑨ 実習生用の教材とする。
⑩ 訴訟に備える。

記録の作成は、まず上記の①②の"専門職の責務"として必要であることを強調しておきたいと思います。記録がないとどのようなソーシャルワーク実践を行なっているのか証拠がないことになります。専門職である以上、説明責任を果たす必要があり、そのために活動記録は不可欠です。また機関の

責任として，援助の継続性の確保のためにも記録がなくてはなりません。クライエントに関する情報も記録にたくわえ，それを基礎資料としてアセスメントに用いるのです。さらに，自分自身をうまく使って対象者を援助するソーシャルワーカーのような対人援助専門職の場合，記録を書くことによって自分自身を振り返り，そこで起きたことを距離をおいて客観的に見られるようになるという効果があります。これは③④⑤⑥としての記録の目的です。

　記録を書くことで，面接プロセスでのソーシャルワーカー側の心の動きを再現・自覚できますし，面接時には気づかなかったクライエントの感情も意識できます。そこでソーシャルワーカーの質問や態度は適切だったか，クライエントの伝えたかったことを適切に受けとめていたか，受けとめられなかったとしたらどのような理由によるのか，ソーシャルワーカーが独断に陥っていないか，感情的に巻き込まれていないか，を検討できます。

　面接時のソーシャルワーカーが生身の人間であることを認めれば，それを補う方法として記録を書くことが，対人援助専門職に不可欠であることはおのずと見えてくるでしょう。⑥にあるように，スーパービジョンは記録をもとに行なうものですが，それのみではなくスーパーバイジーが，記録作成プロセスをたどったという前提の上に成り立つものであるといえます。

　上記に加えて，記録は実践記録資料としての意味を持ちます。これが⑦⑧としての記録の目的です。ソーシャルワーカーの業務の一つとして，実践活動やクライエントの声を根拠に，新たなサービスや視点の提案・提言を行なうことがあります。この場合，ソーシャルワーカーが実践のなかから得た"実感"が，本当に適切なものかを検証する必要があります。この検証の基礎資料になるのが記録です。記録がなければ提案や提言が独り善がりでないこと，的はずれでないことが証明できません。さらに資料もない状態では，提案や提言に客観性がなく，したがって説得力もありません。ソーシャルワークの実習では，実習生はクライエントがどのような問題を持ち，ソーシャルワーカーがどのように援助を展開していったかケース記録を読むことで，まず学

びます(⑨の目的)。⑩の例としては，アメリカでは医療訴訟が日常的に行なわれています。その訴訟に備えるためにも記録は重要な意味を持っています。たとえば，"ソーシャルワーカーがクライエントに〇日以内にこの申請をするように助言した"ことを証明するのも記録です。

実践活動の記録としてのソーシャルワーク記録は，このようにさまざまなレベルで意味を持つものですので，けっしておろそかにしてはならないものです。

ウィルソンは，その著書 *Social Work Recording* のなかで，「よい記録はよいソーシャルワーク実践の土台である——この2つは切り離すことはできない」(筆者訳) と記録の重要性を述べています。

前述した病院評価機構の評価項目に"相談記録がある"という一項があり，5段階評価で記入するだけではなく評価当日もかならず現場で記録の整備状況がチェックされます。責任ある仕事をしているという証拠は"記録がある"ことによってしか証明できない，という認識によるものでしょう。

方　法

「ソーシャルワーク記録の作成」には，以下の方法が含まれます。
① ケース記録の記入
② グループに対するソーシャルワークの記録の記入

1. ケース記録の記入

個々のケースごとに，援助の記録を作成することです。ケース記録は，フェースシート，経過記録用紙，ソーシャルワーク依頼票・報告書などで構成されています。

手　順

（1）フェースシートには，クライエントの基礎情報を記入する。日本医

療社会事業協会作成のソーシャルワーク記録用紙(巻末資料D, E, 199, 200頁参照)を用いることもできます。

基礎情報には,比較的変化しない情報を記入します。その項目には,氏名,性別,生年月日,住所,診断名,病歴,入院歴,主治医名,保険種別,援助開始日,終結日,開始契機(紹介者・紹介主訴),担当ソーシャルワーカー名,ケース番号,カルテ番号,家族状況,インテークの内容,ソーシャルワーク・アセスメント,プラン,終了時の状況を含めます。

すなわち,どのような内容の問題を持った人が,どのような状況でソーシャルワーカーと出会ったかが,フェースシートからわかる必要があります。

(2) 経過記録用紙(巻末資料F, 201頁参照)には援助のプロセスを書く。

経過は開始日から経時的に書きます。「ケースワークは援助のプロセス」です。したがって,記録も援助結果だけを書くのではなく,援助のプロセスを記入します。後に記録を活用するときに,もっとも必要な情報は,どんな状況のクライエントにどのような対応をしたかです。ソーシャルワーク・アセスメントのみをまとめて記載した記録は利用価値が下がります。また,クライエントとの面接のみでなく,クライエントの支援のために行なった他の職員や関係機関との協議の内容も記録に含めます。ただし,経過をすべて詳細に書くのではなく,要領よくまとめて書く必要があります。経過には下記の内容を含みます。

① 日付・面接のきっかけ:たとえば,クライエントが自発的に来室/予約にて来室/主治医の紹介で来室/廊下で声をかけられる。

② 援助プロセス:面接でのやりとり,収集した情報,課題,アセスメント,ソーシャルワーカーの対応およびその結果クライエントとどのような合意・取り決め・約束をしたか。

③ 今の困っていること:クライエントを取り巻く状況,今までそれにどう対応してきたか,クライエントの感情などが読み取れるように書きます。

④　正確な事実

　　たとえば，ソーシャルワーカーが間違った情報を伝え，その後その情報を訂正した場合などソーシャルワーカーにとって記録に残したくない事実もかならず書くようにします。しかし，援助上，とくに必要のない情報（家族員の名前や本籍地など）は書く必要はありません。

（3）　次回の計画を書く。

（4）　援助開始・終了年月日を書く。

（5）　終了時の状況を書く。

はっきりした終結時期が特定できないケースでは，一定の期間のコンタクトがないような場合には，「〇月〇日，その後連絡ないため終了とする」として終了扱いとします。

アドバイス

▶主語をはっきり書きます。

　　同じ内容でも誰が話したのかによって，その話の持つ意味がまったく異なってきます。

▶クライエントの印象的なことば，注意をひく言動は，逐語で記載しておきます。

▶印象を書く場合には，その根拠となる事実を書くことが大切です。

　　どこまでが事実でどこがソーシャルワーカーの印象なのか，それとわかるように書き分けます。たとえば，「ハンカチをしょっちゅういじり」（＝事実），「入室したときから落ち着かないそぶり」（＝印象）というように，読み手になぜソーシャルワーカーがそう感じたかの根拠がわかるように書きます。同時に，ソーシャルワーカーの印象であるということは，文脈から判断させるのではなく，文字化しておくことで，記録の客観性を保つようにします。

▶"抽象的なことば"や"自己流略語"は避けます。

　　「事情をいろいろ述べた」というような表現は，具体的な内容がわから

ないため不適切です。また，自分にしかわからないような略語は使用しないようにします。しかし，ADL（日常生活動作），DM（糖尿病）など，一般に広く用いられている略語を使用し記録の簡略化をはかることは，仕事の効率を上げるために不可欠です。

1） ケース記録の書き方

　記録を書こうと記録用紙の前に座っても，何から書いたらよいのかわからないといった経験はないでしょうか。そのため，自己流で大事な部分を省略した記録を作成するようになりがちです。記録の書き方が良いかどうかは，他の人が記録を利用するときに，最初にあげた目的を達成できるかどうかですが面接に熟達するのに時間がかかるように，そのような記録がすぐに書けるわけではありません。時間がないから記録が書けないといういいわけはよく耳にしますが，本当の理由はどのように記載したらよいのかわからない，ということからくる苦痛かもしれません。

　"記録は経時的に書く"といっても，最初から経時的に面接プロセスを思い浮かべられる人はむしろまれです。プロセスを思い出せないおもな理由は，クライエントの主訴と感情の動きにそって，しかも原則に則った構成のよい面接をしていないからでしょうが，この課題は，むしろ記録を書くことで解決していけるようになる種類のものです。目的にも記しましたが，記録を書くことで，「この質問は不適切だった」とか「クライエントの感情を無視して，話題を変えていた」とか，面接を振り返ることができ，次回はこのようなプランを立てようといった面接の意識化が可能になります。

　面接における自己覚知はまずは記録をもとにしたスーパービジョンをとおして可能になります。次に，記録を記載しながら自分自身で気づけるようになり，そして，ようやく面接の場でコントロールできるようになるものです。自分で自分を評価する力量は記録を通じて身につきます。

　記録は思い出した部分からで構わないので，まず書くことです。あとで思

い出したことは追加すればいいのです。もちろん清書する必要もありません。クライエントの応答を記載する場合にはソーシャルワーカーがなんと質問したから，クライエントはそのように答えたかを自問します。そのようにやり取りを追うと，面接の流れが見えてきます。この点は不要かと思っても，最初はすべて書きます。不要と判断したところに重要な要素がある場合があるからです。本当に省略してよい部分は，記録作成に慣れてくれば，省略できるようになってきます。ワーカー—クライエントの最初のことばと最後のことば，クライエントと今後の支援についてどのような取り決めをしたかは，面接中にかならず意識します。

　このように，丁寧に記録を作成すると，初めのころは非常に時間がかかります。しだいに，短時間で記入できるようになりますから，時間がかかっても，よい支援・よいソーシャルワーク業務を行なえるようになるためのトレーニングと割り切って，このステップを大事にするとよいでしょう。ケース記録を記入する時間は，面接を振り返り，行なった支援の適切さなど，自分への気づきが得られ，今後の支援計画を立てる貴重な時間になり得るのです。記録作成の時間は，業務時間中にとっておくようにします。

面接中記録をとることについて

　面接中は，聴くことに専念し記録をとるべきではないという意見もありますが，病歴や職歴，家族状況などはメモしなければ覚えることはできませんから，クライエントに許可を得た上で記録することは一向に差し支えありません。

　とくに初回面接ではこのような情報が多く話されますので記録することは必要です。頃合いを見計らって「ちょっと書き留めてもいいですか？」とことわってから記録し始めます。しかし，記録をとることに集中するのではなく，話を聞くことが中心でときどきメモを取る程度にします。

　あたかも調書をとるかのように，「氏名は？　住所は？」などと記録用紙を埋めるためであるかのような面接はけっしてしてはいけません。

そして，今記入した記録を見ながら，「ということは，3年前から入退院を繰り返しておられるのですね？」というように活用すると，クライエントの方も記録されることになんら抵抗は示さないものです。
　　ただし，クライエントが記録して欲しくないと表明したときは，してはいけないのはいうまでもありません。

（1）　良い記録の例（叙述記録）

　　○月○日　患者と妻来室
　「昨日入院したのですが医療費のことで相談したい」と患者が切り出す。SWが具体的に話してほしいといったところ，患者は以下のようなことを話す。「病気は肝硬変で，3年前から通院のため仕事を休みがちだったため，蓄えを使い果たした。傷病手当が受けられると思っていたら，もう受けられる期限が終わっているといわれた。会社も不況でリストラの嵐が吹いているなかでの入院だったため，今回の入院を契機に自分も解雇された。」
　　患者は，「退院後も安静が必要で，当分働くのは無理と主治医からいわれた」と沈んだ調子で話す。
　　SWが家族状況を聞いたところ，「家族は妻と高校生と中学生の2人の息子で，妻も働いているがパートなので月10万円程度の収入」とのこと。「兄弟も住宅ローンを抱えていてとても自分の面倒を見るゆとりなどないことはわかっている。今回の入院費の支払いのめどが立たない」という。
　　SWは「一体どのくらいの入院が必要か医師から聞いているか」と尋ねたところ，聞いていないとのことだったため，「医療費のおおよそのめどを立てるためには，入院期間の目安が必要。SWから聞いてみましょうか」と提案すると患者夫婦了解。
　　医師に確認したところ「患者さんには話していない。妻には話しているがすでに肝がんを発症しており，それもかなり進んでいる。余命は6ヵ月程度と考えている」とのこと。
　　SWは，障害年金は申請しても受給まで数ヵ月かかるため，生活保護の申請しか方法はないと考え，生命保険の加入の有無や資産を確認した。生活保護の仕組みを説明し，本日申請することを勧める。
　　妻は身内への調査や保護受給したときの子どもの進学，申請から決定までのプロセスなどについてSWに質問。理解力や問題対処能力が高いことが伺われる。

(2) 良い記録の例（要約記録）

> ○月○日患者と妻来室
> 患者「昨日肝硬変にて入院。今回の入院によって職場は解雇された。3年前から通院のため仕事を休みがちだったため蓄えを使い果たした。家族は妻と息子2人(高校生と中学生)。妻もパートで働いているが収入は10万円程度。主治医からは，退院後も安静が必要で働くのはムリといわれた。傷病手当はすでに終わっており，兄弟もぎりぎりの生活で援助は頼めない。今後医療費を支払うめどもない。」
> SW，患者の了解を得て主治医に問い合わせ。主治医「妻のみに告知しているが，患者はすでに肝がんを発症しており，かなり進んでいる状態。余命6ヵ月程度」と。
> SW，生命保険加入の有無など資産を確認し，障害年金を申請するにしても，受給できるまで生活保護しか対応できないと判断し，妻に今から福祉に相談に行くことを勧める。
> 妻，手続きのプロセスなどについてSWに質問。妻は，てきぱき物事を処理する能力があるという印象。

(3) 悪い記録の例

> ○月○日　患者と妻
> 医療費の相談→生保申請→医事課に連絡
>
> ○月×日　福祉Y氏来室
> 病状調査
>
> ○月△日　福祉Y氏より電話
> ○月○日からの生保開始決定

　ソーシャルワークの記録は，事実の経過ではなく，援助の経過を書きます。(1)の記録では事情や経過がよくわかります。(2)の記録は要約記録です。通常，要約記録で十分です。(3)は経過がわからないため良い記録とはいえません。

2) 記録の管理の仕方について

記録はクライエントのプライバシーにかかわることが記入してあることを念頭に、以下のことに注意を払う必要があります。

① ケース記録は、誰の目にも触れる机の上に放置したまま席を立たない。
② 事例検討などに用いる場合は、どのクライエントをさしているのかがわかるような個所は伏せる。
③ 記録は事例検討などの目的でも、持ち歩いたり、自宅に持ち帰ることはしない。どうしても持ち出す必要がある場合は、コピーをとる。また、固有名詞などはマジックで抹消し、万が一、紛失した場合でもプライバシーが保てるよう配慮する。

記録を未処理にしないために

　記録は、記憶の面からだけではなく、記録を未記入のままためてしまわないためにも、面接終了時に書くのがもっとも良いのは当然です。ところが、面接など、直接の援助業務に比較すると、後回しにしがちです。しかし、ソーシャルワークを行なうためにも記録は不可欠なものです。効率的に、しかも、目的を満たした記録を作成するために、業務の一部として位置づける工夫が必要です。以下は、〈記録をためないため〉の若干のアドバイスです。
○初回面接は、その後の面接のヒナ型ともいわれている大切な面接です。初回面接だけは、そのクライエントとどのような援助関係を結んだのかを証拠として残すという業務管理の面から、かならず面接を行なった当日に記入します。初回面接では、得る情報量が非常に多いので、忘れないという点からも、その日のうちに記録を記入し終えるようにします。
○インテーク時に、専用の紙を用い、それをさらにケース記録用紙に清書したり、メモを記録に転記するというようなことは二度手間になるので、良い方法とはいえません。美的なことを追求するよりは、"正確であればよい"と割り切って、簡便な方法を取ることが、記録を未処理にし

ておかない秘訣です。
○2回目以降の面接については，面接終了後，すぐに書く時間がない場合は，一行程度，キーワードなどをメモしておくようにします。後で記入するとき，キーワードから面接時のようすを思い出すことができます。
○報告書を作成したとき，同じ内容が重複する場合，"報告書のとおり"と記載し，報告書の写しを挟むことで，記録の簡略化をはかります。
○初回面接時など重要な面接は詳細な記録とし，その後の，簡単な接触や社会資源の紹介などのための接触については，何時・誰と・どのようなきっかけで面接になったか……どのような内容かを1～3行程度で記入できる記録様式を作成するのも，よい方法です。

3） 電子カルテについて

近年，電子カルテを採用する病院が増えてきています。その導入にさいしてはソーシャルワーカーの依頼や返信，さらには援助経過などもすべて電子カルテの一部となる例も珍しくなくなってきました。

返信は手書きのこともありますが，あらかじめ定めた項目（テンプレート）にチェックするという方法が多いようです。手書きのときより簡略化される場合が多く，どのような情報をカルテ上に残すかということを見分ける力というものが必要となります。ソーシャルワーカーのアセスメントや援助プランを電子カルテに記入したものを他の職種が読むことが増えるため，ソーシャルワーカーの専門性は何かということも今まで以上に問われることになります。

援助経過をコンピュータに入力する必要がありますが，援助当日の入力が必要ですので，従来のように記録の未記入ということは許されなくなります。

また，クライエントの希望により，他の職種に伝えられない情報については電子カルテ上にはのせず，ソーシャルワーカー独自の記録も作成し，いわば二重帳簿状態になっているところもあります。しかし，それぞれの所属機関において電子カルテが導入される場合は，ソーシャルワーカーも前向きに

検討する姿勢を持ち，クライエントを支援するチームの一員として情報共有し，機関としての質の向上に寄与したいものです。

2. グループに対するソーシャルワーク記録の記入

グループに対するソーシャルワークの場合は，個々のメンバーとグループの力動の両面に留意する必要がありますので，記録も個々のメンバー用とグループ用の2つを作成します。

手 順

① グループ全体の記録とメンバー個人の記録の2種類作成する。
② グループ全体の記録には以下の内容を含む（所定の様式を作成することが望ましい）。

　　グループ名／開始日／終了日／グループの目的／ミーティング開催日／ミーティングの開催回数（第○回）／開催場所／出席者名，欠席者名／ミーティングの目的／活動内容／セッションの流れ，たとえば，メンバーの発言，活動，相互の関係など特筆すべきこと／ソーシャルワーカーの分析／次回の計画／担当ソーシャルワーカー名

　　グループ全体の活動記録は，ソーシャルワーカーではなく，メンバーが記入を担当することも多いものです。ただし，この場合は，ソーシャルワーク・アセスメントのための記録を別に用意する必要があります。

　　グループの活動内容の記録は，テープレコーダーやビデオで行なう方法もあります。
③ メンバー個人の記録は，ケース記録用紙を用い，ケース記録と同様の方法で書く。

4章　報告・依頼・連絡文書の作成

　院内職員や関係機関に対する報告・依頼・連絡などの目的のための文書を作成することです。文書による報告・依頼・連絡には，口頭での連絡と異なりその内容が残るメリットがあります。いつでも必要な人が閲覧できる，後日改めて内容を確認できるうえに証拠として残るので，連絡した，しないというトラブルや連絡内容のくい違いの発生を避けられるという利点があります。

目的
「文書の作成」の目的はいつでも内容を確認できる形式で報告・依頼・連絡を行なうことで，ソーシャルワーカーの意図を明確に伝えることです。

方法
「文書の作成」には以下の3つの方法があります。
① 院内職員に対するケース報告書の作成
② 関係機関に対するクライエントへの継続援助の依頼文書の作成
③ 社会保障制度の利用状況を関係する院内職員に知らせるための文書の作成

1. 院内職員に対するケース報告書の作成

　「ケース報告書の作成」は，医療チームメンバーに援助内容を報告する目的で文書を作成することをさします。院内職員や関係機関からの依頼により援

助を開始した場合には，依頼者に対して報告書を作成するのは義務です。依頼・報告書は，日本医療社会事業協会作成（巻末資料G，202頁参照）のものを用いることもできますし，各病院独自で作成している様式があればそれを用いて行ないます。報告書は，カルテに記録として残りますから，クライエントが直接来談した場合も，相談内容が他職種にも関係がある場合は報告書を作成します。また，援助が長期にわたり，状況が変化した場合は，そのつど報告書を作成します。

  手 順

① 最初に報告書を書く。
　読み手にとって読みやすいように，要領よく理解できるものであるよう心がけます。長々と書かず，箇条書きにするようにします。
　報告する内容は，「院内スタッフとの情報交換，協議」での報告のしかたの手順（55頁参照）と同様です（巻末資料H，203頁参照）。
② クライエントが直面している心理的・社会的問題，ソーシャルバックグラウンド，アセスメント，援助方針，結果，印象などを，必要に応じて簡潔に書く。
　ソーシャルワーカーの機能について理解を得るための，格好の手段であることを念頭において，ソーシャルワーカーの視点が相手に伝わるように書きます。しかし，他職種を対象とした報告書にアセスメントの方法まで記載する必要はありません。また，読み手がソーシャルワーカーでないことを念頭において，ソーシャルワーク専門用語や略語（例：児相，老健など）の使用は避けるようにします。
③ かならずコピーを取り，一部をケース記録に保管する。

  アドバイス

▶報告書の作成は，文書がカルテに残ることから，ソーシャルワーカーの医療チームへの定着にも，非常に役に立ちます。「ソーシャルワーク依

頼・報告書」のように，依頼票とセットになっている報告書の様式を作成することをすすめます（巻末資料 G，202 頁参照）。
▶依頼票は，"ソーシャルワーカーはこのような援助も行なえます"という PR にも用いることができますので，依頼項目も各病院のソーシャルワーク・ニーズに応じて設定すればいいでしょう（巻末資料 H，203 頁参照）。

2．関係機関に対するクライエントへの継続援助の依頼文書の作成

「関係機関に対するクライエントへの継続援助の依頼」は，ソーシャルワーク援助の途中でクライエントが他機関に移った場合，その機関に対してクライエントへの継続援助を依頼する目的で文書を作成することです。

> 手 順

① 何を目的とした連絡文なのか（依頼，連絡など）を，簡潔に書く。
② クライエントの紹介状は，連絡したい（すべき）内容が，正確に，過不足なく盛り込まれるようにする。
③ 他機関に対する連絡文書の場合は，クライエントに連絡文書を渡す目的を伝え了解を得る。
　クライエントに関する情報はクライエント自身のものです。ことソーシャルワークに関する情報は，クライエントの生活に密接に関連するものですので，なぜ連絡文書を渡す必要があるのかを明確にし，書面の内容をクライエントと確認してから渡すようにします。この手順が，クライエントの意見を尊重する雰囲気のなかで行なわれるということはいうまでもありません。
④ かならずコピーを残す。
　「連絡した」，「聞いていない」といったトラブルを避けるために，かな

らずコピーを取り，ケース記録に挿入します。

3．社会保障制度の利用状況を関係する院内職員に知らせるための文書の作成

ソーシャルワーカーとの面接で，たとえば，生活保護・医療費助成制度などの制度を利用することになった場合，そのことが他のセクションの業務に影響をおよぼします。そのような場合に，文書を作成することです。

> 手 順

① ソーシャルワーク業務のどの内容が，どのセクションの業務に影響をおよぼすかを考える。
② セクション間で，どのような場合にはどのような連絡をするのか，協議する。
　　たとえば，医療費助成制度は申請してから認定されるまで時間がかか

```
　　　　　　　　　　　　連　絡　票
患者氏名（　　　　　　　）　（　　年　　月　　日入院・外来）
患者No.（　　　　　　）
　　［生活保護・特定疾患・小児特定疾患・育成医療・（　　　　）］
　　（申請・決定）年月日　　　（　　年　　月　　日）

備考：



　　　　　　　　　　　　　担当SW
　　　　　　　　　　　　　　　　　　　　　　　年　　月　　日
```

図4・1　医事課への連絡票の例

りますが，その間に医療費の請求を行なってしまうと，訂正に非常に時間と手間がかかります。事前にその旨伝えることでこれらの時間と手間を省くことができますし，伝え損なうことで，それらの部門に不要な負担をかけることになります。

　また，たとえば経済的に問題があるため，申請許可が下りてから医療費を支払うことを，ソーシャルワーカーと話し合っていたクライエントに会計部門から督促が届いたら，クライエントは病院に対して不信感を抱きます。各部門は便宜的に役割を分担していますが，クライエントから見れば，"病院の職員"という一つのユニットです。役割を分担していればいるほど，意識的に全体としての連携をとることが必要です。

アドバイス

▶たとえば，生活保護や公費負担制度利用に関する連絡など，院内で日常的に連絡することがきめられていることがらについては，図4・1のような複写式のフォーマットを作成しておくと便利です。

5章　情報収集

　「情報収集」とは，クライエントの課題解決に有効な制度やサービス，施設等の社会資源に関して，必要な事項を日常的に収集し整理することです。ソーシャルワーカーにとって，社会資源がいかに重要な意味を持つかについては，2章で述べたとおりです。このことを考慮すれば，日常的に社会資源に関する情報を収集することの重要性もおのずと理解できるでしょう。たとえば，医師は治療に必要な薬剤に関する効用や副作用等に関する情報をつねに更新しています。同様に，ソーシャルワーカーもクライエントの課題解決に活用できる社会資源に関する情報を持ち，さらにつねに更新する必要があるわけです。

　しかし，ソーシャルワーカーが情報収集の対象とする社会資源は，2章にあるように「私たちの周りにあるあらゆるもの」です。ですから，ソーシャルワーカーにとっての「情報収集」とは，ふだんから「この情報は何かクライエントの役に立たないか」という問題意識に立ち，ソーシャルワーカーの視点をもって情報に接することといえます。このような基盤があってこそ，社会資源の情報提供がソーシャルワーカーのスキルとなり得るのです。

目　的

　制度やサービス・施設に関する幅広い知識を蓄積し，クライエントの課題解決に有効に活用できるようにすること。

　収集した情報は，すぐに利用できるように整理・蓄積して初めて役に立つものになります。「以前，どこかで聞いたのだけれど，わからない」と，使いたいときに知っているはずの情報が使えず，クライエントに不利益を被らせ

るということは絶対にないようにしたいものです。必要なときに使えない情報は，情報としての価値がありません。

> 方　法

① クライエントが利用できる制度等に関する情報収集・調査・整理
② 福祉施設・医療機関等の見学

1. クライエントが利用できる制度等に関する情報収集・調査・整理

> 手　順

① 所属する機関の患者・家族がどのような制度やサービス，施設を必要としているのかをつねに意識する。

　所属する機関の種類，患者の特徴によって，必要な制度等は大きく異なります。また，所属機関におけるソーシャルワークに必要な制度等を，日常的に意識していなければ，周囲に情報があっても見過ごしてしまうものです。自分が所属する機関の患者がどのような制度やサービス，施設を必要としているか，つねに意識することが大切です。

② アンテナを張り，制度等の新設・変更に関する情報を得る。

　家庭内暴力被害者や引きこもりの援助に活用できる施設，セルフヘルプ・グループ等，集めるべき情報は多様です。古典的ですが，新聞の切り抜きも非常に役に立ちます。

　新聞・国・県・市区町村の広報・定期刊行物は，福祉制度に関する情報の宝庫です。また，専門職団体のニュース・福祉系新聞・専門誌や雑誌等も活用できます。地域の社会福祉協議会・在宅介護支援センター・福祉プラザなど，情報の提供を行なっている専門機関は，おおいに利用するといいでしょう。また，地域の施設やサービス提供機関の開設に関

する情報に関しては，地域のソーシャルワーカー同士のネットワークが頼りになります。地域のソーシャルワーカーの会合や例会は，強力な情報収集・交換の場として，積極的に利用します。

③ 制度の新設・変更，新しい施設の開設を知ったら，詳しい情報を確認する。

福祉事務所，市区町村役場，社会保険事務所，労働基準監督署など，直接窓口に問い合わせて，正確な情報をもらったり，入手可能な資料や文献があれば，紹介してもらいます。

④ インターネットで検索する。

厚生労働省のホームページには法令等データベース・システムのサイトがあります。また，wam-net(社会福祉医療事業団運営)では，福祉施設の検索が可能です。この他にも，セルフヘルプ・グループのホームページ等，インターネットで得ることができる情報は多彩です。このような媒体は積極的に活用するとよいでしょう。ただし，情報提供者が信頼できる団体であるかどうかの判断の責任は利用者に委ねられています。提供者不明のサイトは，その情報の信憑性を自身で確認する必要があるのはいうまでもありません。

⑤ 資源ファイルを作成し，情報を整理する。

情報はすぐに使えないのでは，利用価値がありません。整理することの重要性を認識するべきです。

資料ファイルには，情報元と情報収集日を必ず書き留めます。情報は生き物です。情報源によって内容は異なったものとなりますし，時間とともに変化します。

制度やサービス，施設の内容はめまぐるしく変化しますので，変更に関する情報を得たときに訂正するのは当然ですが，定期的に確認をとり，情報の鮮度を保ちます。

多様な資源を整理するには疾患・課題別にする，利用頻度の高いものは

取りやすくしておく，など整理の方法を工夫しましょう．情報整理のための文具やコンピュータのデータベース・ソフトを活用するとよいでしょう．他病院のソーシャルワーカーの整理方法を積極的に見聞して，手間がかからず利用しやすい方法を工夫します．

また，インターネットのホームページは，印刷してすぐに使用できるようにしておくとともに，ブックマーク（お気に入り）やフォルダ（階層化）を使用して，検索用に整理しておくという方法もあります．また次のような文献もあります．

川村匡由『すぐ役立つ福祉のホームページ　改訂版』ミネルヴァ書房，2002

ソーシャルワーク部門に常備しておく書籍と基本的情報

基本的な書籍は目を通し，かならず手元に置いておきます．公的年金保険・労働者災害補償保険の認定基準にはさまざまな項目がありますが，このような内容のすべてを覚えている必要はありません．それよりも，どんなケースの場合には確認する必要があるか，どの資料を調べればよいかといった収集した情報を活用するさいのチェック・ポイントを把握することが重要です．

ソーシャルワーク部門に常備しておく書籍

書籍名	出版元
『社会保障の手引き』	中央法規出版
『6訂版　福祉制度要覧』	社会資源研究会，川島書店
『社会保険の手引き』	社会保険研究所
『生活保護手帳』	全国社会福祉協議会
『健康保険法の解釈と運用』	社会保険法規研究所
『国民年金ハンドブック』	社会保険研究所
『労災医療』	労働福祉共済会
『身体障害者認定基準　解釈と運用』	中央法規出版
『障害年金と診断書』	年友企画
『国民年金・厚生年金保険障害認定	

基準の説明』　　　　　　　厚生出版社
『労災障害等級表』　　　　　労働福祉共済会
『身体障害者福祉関係法令通知集』　第一法規出版
『病院要覧』　　　　　　　　医学書院

ソーシャルワーク部門に常備しておく基本情報

＊『介護保険の手引き』　　　　各県・市区町村
＊『福祉の手引き』　　　　　　各県・市区町村
　　　県・市町村単独事業の一覧
＊近隣の福祉施設・相談機関リスト／福祉サービス提供機関リスト
＊近隣の医療機関・介護保険施設リスト
＊近隣の訪問看護ステーションリスト
＊近隣の在宅介護支援センターリスト
＊近隣の居宅介護支援事業所リスト
＊近隣の介護支援専門員リスト
＊患者会リスト
＊非営利団体（NPO）・営利サービス提供機関リスト　　　　　など

社会資源資料保管・整理方法の例

2. 福祉施設・医療機関等の見学

　福祉施設・医療機関等を見学し，社会資源として活用するための情報を収集することをさします。責任を持ってクライエントに施設・医療機関等を紹介するためには，ソーシャルワーカーは，紹介する施設の内容を問い合わせによって知っておくだけでなく，施設見学を通じて自分の目で確かめておく必要があります。施設の雰囲気や職員のようすなど，見学をとおして得られる情報は，多岐にわたっており，また貴重です。

手　順

① 見学先を選定する。

　見学に当たっては，目的を明確にします。たとえば，所属機関のクライエントが利用する可能性がある場合，所属機関のソーシャルワーク機能の拡充の参考になる場合，見学は不可欠です。また，見学によって施設への理解を深めることが，クライエントへの的確な情報提供につながる場合も見学は必要でしょう。しかし，ただ「近くにあるから」とか，「なんとなく」という理由で見学しようと考えているようでしたら，もう一度，見学の必要性について検討します。

② 所属機関における必要な手続きをとる。

　見学は，ソーシャルワーク部門，所属機関を代表して行なうものであることを意識してください。まず上司に相談し，了解を得ることは不可欠です。もし，上司がソーシャルワーカーではない場合，見学の必要性を具体的に説明して理解を得ます。

③ 見学希望施設に見学について申し入れる。

　見学を希望する理由，誰が見学に同行するか，見学にさいして必要な手続きを確認します。この段階で見学の目的を的確に伝えると，見学を

受け入れる機関も事前準備を行ないやすく，有意義な見学を行なうことができます。

　また，見学日時を調整します。できるだけ，先方に時間的余裕がある時期に訪問するようにします。とくに，見学したい部門等があれば，このときに依頼しておくようにします。先方施設の窓口担当者およびソーシャルワーク業務を行なっている職員（ソーシャルワーカー・生活相談員等）と，面談できるように調整していただくとよいでしょう。

④　見　学

　事前に，見学の目的に沿い，見学したい箇所，質問事項等を整理しておきます。質問内容には，たとえば，費用・ケアの内容・家族に期待することなど，利用者の視点に立ったことがらを含めます。

　バリアフリーの状況やプライバシーの確保の仕方など，施設の構造や目に見える部分のみに注目するのではなく，患者や利用者の表情や，患者や利用者と，家族や職員とのコミュニケーションのようす，介助のようす，職員のようすなど，病院の雰囲気にも気を配り，見学ならではの情報を得るようにします。

　とくに，転院・転所のための見学の場合，窓口担当者と面談するさいは，先方の施設からの要望や連携をとるに当たって留意するべきことがら等について伺います。また，ソーシャルワーカーとは，同じソーシャルワーカーの立場からクライエントや機関の機能に関する情報の交換を行なうようにします。ソーシャルワークの継続援助を依頼する相手となりますので，しっかりと関係を形成することが必要です。

⑤　上司・同僚へ報告し，資料を整理する

　所属部署の他スタッフや上司に報告することで情報の共有化をはかります。場合によっては，報告書を作成します。また，福祉施設・医療機関の見学は，情報収集の一環として行なっていることを意識し，資料整理は確実に行なうようにします。

福祉施設・医療機関等の見学時のチェック・ポイント

(1) 施設・機関の機能
　① 入院（入所）可能者
　　＊対応可能な利用者（気管切開，中心静脈栄養，人工呼吸器，MRSA等の感染症，痴呆性高齢者など）
　② 施設・機関の機能
　　＊診療科目，専門医の有無と種類
　　＊ソーシャルワーカーの有無と人数
　　＊リハビリ機能の有無，種類と人数
　　＊その他の常駐専門職
　③ 退院・退所時のサポート体制
　　＊院内システム
　　＊併設機関（訪問看護ステーション・ヘルパーステーション，在宅介護支援センター，デイサービス，デイケアなど）

(2) 利用者の利便
　① 費用
　　＊医療保険か介護保険か
　　＊保険外負担
　② 交通機関
　　＊最寄りの駅
　　＊送迎バスの有無・頻度
　　＊最寄り駅からのタクシー料金
　③ 入院・入所可能期間

(3) 病院の雰囲気
　① 利用者の表情
　② アメニティ（状態と利用者の活用状況）
　③ 利用者のようす（落ち着いているか）
　④ 院内の雰囲気（暖かい雰囲気，静かすぎない，荒々しくない）
　⑤ 病室居室・トイレ・廊下などは清潔か，臭いはないか

⑥ 花や植物，絵など，利用者が落ち着く装飾が適切に施されているか

(4) コミュニケーション
① 医師・看護師などと患者とのコミュニケーションのようす
② 介護職員と利用者とのコミュニケーションのようす
③ スタッフ同士のコミュニケーションのようす

(5) 利用者への対応
① 利用者のケアプランは利用者に理解しやすい方法で示されているか
② 利用者のプライバシーは尊重されているか
③ 利用者のベッドサイドなどは私的空間として活用されているか
④ プライバシーが保たれる面会場所はあるか
⑤ 自由時間の過ごし方はどのようなものか
⑥ 施設の機能に合ったレクリエーション，行事などは適切に行なわれているか
⑦ その施設・機関に独自の工夫がなされているか

(6) 家族との連携
① 家族カンファレンス開催の有無
② 家族機能代替の可否(家族が見舞いにこられない場合のクリーニング代行など)

(7) 相談窓口
① 入院相談窓口のようす
② 利用者の苦情窓口の有無

6章　ネットワーキング

　ネットワーキングとは，日常的に関連部署や関係機関との関係を意図的に形成していくことをさします。ネットワークを形成することで，クライエントに対する具体的な援助・支援のために連絡をとりあったり，チームを形成する必要が生じたときに，即座に対応することが可能となります。必要なときに適切なコミュニケーションがとれるかどうかは，日頃からお互いの部署や機関に関してどれだけ具体的に理解できているか，どれだけ良好な関係が形成されているかに左右されるわけです。本章には，退院時共同指導や他機関との地域連携会議など，特定の患者の支援を目的とした連携活動は含めません（これらについては2章「具体的サービスの提供」を参照のこと）。

　ネットワーキングは，直接クライエントの援助にかかわる業務ではありません。ただちに結果をもたらすことがないため，時間を費やすことの意義と必要性を理解することが困難な場合がありますが，そうであるからこそ意識して意図的にかかわりたいものです。

　ネットワーキングは相互方向的なものであり，自分のいい分や主張・用件だけを一方的に伝えるものではないことを心に留めておきます。

目　的

① 関連部署・関係機関と良好な関係を形成することで，ソーシャルワーク部門の機能を高める。
② 所属部門のソーシャルワーク業務や機能を関連部署に広める。
③ 所属機関の機能や役割を地域の関係機関に広める。

④　関連部署の業務や機能，所属部署の役割を理解する。

⑤　関係機関の業務や機能，所属機関の役割を理解する。

⑥　利用者の援助に有効な情報提供・収集を行なう。

方　法

①　スタッフからのコンサルテーション

②　スタッフへのコンサルテーション

③　関係機関への情報提供

④　定例カンファレンスへの参加

⑤　回診への参加

⑥　地域の連絡会議への参加

1．スタッフからのコンサルテーション

　よく出会う疾患について，その治療法やリハビリテーションの方法など，他の専門職が持っている知識を提供してもらうことをいいます。このような情報や知識を蓄積しておくことは，クライエントのおかれている身体的・精神的な状態を理解する上で有効です。また，他職種の業務の範囲や内容を正確に知ることは，役割分担や連携を的確なものとするのに不可欠です。さらに，所属する機関の機能を把握したり，力量を評価することにもつながります。このように，さまざまなレベルで効果がありますので，おろそかにすることがないよう意識してかかわることが大切です。

手　順

①　ソーシャルワーク援助に必要な知識・情報であるかどうかを判断する。
　　たとえば，CT スキャンの読み方などはソーシャルワーカーが知る必要はありませんし，手術の術式も同様です。しかし，神経難病の予後に関する知識などは，適切な援助のために得ておく必要があるでしょう。

時間には限りがあり，もちろん能力にも限りはあります。なにが必要な知識であるか，優先順位を検討することは重要です。また，「ミニドクター」になるための知識は，ソーシャルワークに害こそあれ，役には立ちません。

② コンサルテーションを依頼する相手を選定する。

　たんに話しやすいかどうかだけで依頼相手を選ぶことは避けます。相手の所属部署はコンサルテーションを受けようとしている領域の専門部門かどうかを判断します。また，ネットワーキングの効果を考慮して，どのような立場や役職の人に依頼するかを考慮します。

③ コンサルテーションを依頼する。

　電話などは極力避け，できるだけ対面して依頼するようにします。

　コンサルテーションの方法や日時をきめる場合，相手の都合に配慮することは，むろんのことです。

④ 必要とする情報を得られるよう，簡潔に焦点化した質問をする。

　依頼のさいには，ソーシャルワーカーとしてその情報を知っておきたい理由と，質問の内容を簡潔に伝えます。質問の内容は冗長にならないよう，しかし十分に質問の意図が伝わるよう事前にまとめておくとよいでしょう。

　たとえば，神経難病の場合，将来何ができなくなるのか，生活上どのような障害が生じるのか，というように尋ねます。

⑤ 時間を割いてくださったことに対する謝意を表する。

　謝意を表することと同時に，コンサルテーションで得られた情報が実際に業務のなかでどのように役に立っているかというフィードバックをかならず行なうことが肝要です。

> ## 「理解のとぼしい」スタッフを味方につける方法
>
> たとえば，在宅医療や訪問看護など，機関として新たな事業を展開していこうとするさいに，その責任者や影響力の強いスタッフが，ソーシャルワークに理解がない場合があります。このような場合，そのスタッフを講師として招き，教えを請いながらネットワークを形成していくこともできます。
>
> ソーシャルワーカーが新事業に対して理解を深められるとともに，講師側も，講義の準備をしたり，勉強会の席上で質問を受けたりすることで，ソーシャルワーカーに対する理解を深めていくことになります。こうしたプロセスを経て，「あのスタッフは理解が乏しい」と対決の姿勢を示すのではなく，上手に仲間作りをしていくことも可能となるでしょう。

アドバイス

▶関連部署からコンサルテーションを受けることは，その部署がソーシャルワーカーの業務に対する理解を深めるという効果もあります。また，そのスタッフとのやり取り自体が，チームワークに必要なコミュニケーションとなるものであることを意識します。

▶相手の職位や見識に配慮した対応をとることを忘れてはいけません。仲間として関係を形成する場合と，目上の人に教えを請う場合とでは，ことば遣いや用件の伝え方も違ってきます。とくに，目上の人の場合，極力じかに会って話すよう心がけることです。電話や e-mail で頼みごとをすることを大変失礼だと思う人はいるのです。

▶コンサルテーションは，個別的な面談で受ける方法のほかに，院内の自主的な勉強会や症例検討会，部門内会議などに講師として招く方法があります。とくに，講師を依頼した場合には，謝礼などを考えることが必要です。礼を尽くすことは，ネットワーキングにとって重要なことです。

▶ふだんから，コンサルテーションを受けられる相手を確保しておくよう

にします。日常の仕事の仕方，人間理解のための広い知識を得ようとする貪欲な知識欲が鍵となります。

2. スタッフへのコンサルテーション

院内スタッフからソーシャルワーカーに対する専門的な知識に関する問い合わせに応じる業務をいいます。たとえば，血液透析を受ける患者に特有な生活上の障害についてやソーシャルワーカーの役割や機能に関する問い合わせ，あるいは介護保険や障害年金の診断書作成など社会資源に関する問い合わせなどがこれに当たります。コンサルテーションはソーシャルワーカーに対する理解を促すチャンスとなります。スタッフが，コンサルテーションやケース依頼としてソーシャルワーカーを再度利用しようと思えるように，対応することが必要です。

> 手 順

① 電話・来室などで問い合わせや相談を受ける。
　病室や廊下で呼び止められたり，昼休みに食堂で，通勤途上でと，さまざまな状況で「ちょっとした問い合わせ」を受けることがありますが，受ける側が，コンサルテーションのきっかけと意識して応じることが大切です。
② スタッフのニードを正確に把握する。
　スタッフの問い合わせの仕方によって，またニードの緊急性の度合いによって，限られた時間内で対応しなくてはならないなど制約はありますが，ソーシャルワーカー側の対応が，最終的にはクライエントの利益・不利益を左右することを自覚し，スタッフのニードを把握することが大切です。
　現実に存在する患者にかかわるコンサルテーションの場合，スタッフ

がニードとして持ち込んだものと実際のクライエントのニードが食い違っていることがあります。また，断片的な情報提供だけを求めてきた場合には，その背景にあるクライエントの状況が把握しにくいこともあります。正確な情報提供・コンサルテーションを行なうために，必要なことは遠慮せずに聞くべきです。面接の技法を駆使して，短時間でニードの把握ができるよう働きかけることが必要です。

③ 内容に応じた適切なコンサルテーションを行なう。

相談を受けたその場で対応するべきか，時間・場所を改めて返答するかについては，スタッフのニードに応じて判断します。

また，コンサルテーションを行なうさいには「どうなったか教えてください」などと話し，フィードバックを受けたいことを伝えておきます。後日，「あの話はどうなりましたか」と尋ねることも，場合によってはコンサルテーションの適切さと効果について知る機会となるでしょう。

アドバイス

▶コンサルテーションから，ケースが発見できることも少なくありません。また，病棟やスタッフのソーシャルワーク・ニードを把握したり，きたるべき次の業務へのきっかけをつかむことも可能となります。

▶コンサルテーションの内容によっては，ソーシャルワーカーが直接援助した方がよいケースもあります。このような場合は，根拠を説明してソーシャルワーカーを紹介してもらった方がよい旨を伝えることが大切です。

▶上記とは逆に，ソーシャルワーカーを利用することに抵抗のあるクライエントの場合は，スタッフにコンサルテーションを行ない，対応してもらうことが効果的です。「なにがなんでも自分が面接しないと……」といった態度は避け，臨機応変に対応することが必要です。

▶スタッフがソーシャルワーカーに何かを聞きたいとき，またソーシャルワーカーがスタッフに伺いたいときは，ネットワーキングのきっかけと

いえます。とくに，初めて関係を持つ相手の場合は，大切に対応することが必要です。第一印象がきわめて重要であるのは，なにも面接に限ったことではありません。
▶たとえば，治療を行なわなければ命が危ないにもかかわらず治療拒否している患者への対応についてなど，対応が困難な患者に関してコンサルテーションを受ける場合もあります。この場合，よって立つべき価値や裁判の判例に基づいてコンサルテーションを行なうことが必要となります。

3．関係機関への情報提供

　関係機関（他の医療機関や施設，福祉事務所，児童相談所，社会福祉協議会，NPOやボランティア団体，患者会など）からの所属機関の機能や利用方法（診療科や受診方法など）に関する問い合わせや，社会資源（近隣地域に特有な資源，一般的な資源など）の情報に関する問い合わせへの対応をさします。
　問い合わせをしてきた関係機関の担当者の背後にクライエントが存在することを意識し，さらに，今後の円滑な連携を意識して対応する必要があります。

> 手　順

① 電話・文書・来室などにより情報提供の依頼を受け，問い合わせ元のニードを把握する。
　問い合わせはいつ，いかなる状況でくるか予測がつきにくいものです。限られた時間内で適切な情報提供を行なうには，相手のニードと緊急性の度合いを正確に把握することが大切です。
② 必要に応じて，院内関連部署などに提供する情報に関する確認をとる。

不正確な情報提供は役に立たないばかりか，その後の関係形成にも支障をきたします。提供する情報については，つねに内容の確認を行なうことが重要です。とくに，ソーシャルワーク部門以外についての問い合わせの場合，該当する部門に確認をとることは不可欠です。
③　適切な方法により情報を提供する。

　　コンサルテーションの場合，判断の主体は相手にあります。相手が適切に判断できるよう情報提供を行なうことが，コンサルタントに求められることです。

　　電話による情報提供は正確に理解できない場合があるので，複雑な問題には適しません。しかし，緊急度が高い場合には，どうしても必要となります。この場合には，何らかの形で理解されたかどうかを確認することが必要です。図表や地図が有効な場合はファックスやe-mailも活用できます。

　　返事をするまでに時間がかかる場合は，その旨連絡する配慮を忘れないことも大切です。

|アドバイス|

▶クライエントの個人的な情報に関しては，プライバシーの保護に十分留意することはいうまでもありません。

▶ソーシャルワーカー側が情報提供した方がよいと判断した場合は，かならずしも問い合わせを受けなくても情報提供します。

▶内容のいかんを問わず，院内職員・関係機関とのやり取り自体が，自分の業務に影響をおよぼします。忙しいさなかの問い合わせなどには，つい横柄な対応をしてしまいがちですが，そうした対応が業務にもたらす結果をつねに意識している必要があります。丁寧な対応，誠意のある対応は，たとえ期待通りの情報が得られなくても，次の機会につながるものです。

▶担当者が代わったり，機関の機能が変化するなど，部署や機関は時間の

経過によって変化するものです。関係形成がなされたと思っていても，継続的にネットワークを維持していく努力が必要です。
▶所属機関がソーシャルワーカーに認めている判断の範囲，所属機関から与えられている権限を越えて判断することがあってはならないことは，いうまでもありません。どこまで行なうのか，どこまでが任されているのかを，確認しておく必要があります。

4．定例カンファレンスへの参加

　通常，病院では患者の療養方針を決定したり，情報交換を行なうために関係スタッフが集まりカンファレンスを持ちます。そのなかでも，定例カンファレンスとは，一般的に定期的に開催されているものをさします。1回のカンファレンスで数人から十数人の対象患者を取り上げることも多く，その結果，そのチームがかかわっている全患者について話し合うことが可能となります。このようなカンファレンスでは，解決困難な課題を抱えた一人の患者について集中的な話し合いを持つことは困難ですが，一方，各患者にどのような課題があり，それらの課題をどのような方向で誰が援助するかといった基本的な枠組みを設定できます。この点が，患者に話し合うべき課題が生じたときに，必要な専門職が集まって開催されるケースカンファレンスとの相違点です（ケースカンファレンスについては67頁を参照のこと）。また，チームメンバーとしての共通認識が増しますので，ネットワーキングの点での効果は大きいといえます。
　この定例カンファレンスにソーシャルワーカーが出席することで，カンファレンスでの報告や発言をつうじて，ソーシャルワーカーが行なえる援助・支援の内容を他の専門職に伝えていくことができますし，チームメンバーとしての認識が生まれます。また，ソーシャルワーク援助を必要とする患者のスクリーニングが可能となるなど，多くのメリットがあります。

> 手　順

1）　初めて参加する場合

①　対象患者，開催日時，構成メンバーについての情報収集を行なう。また，他部門から参加を要請された場合は，依頼の趣旨を確認する。

　　ソーシャルワーカーに何を期待しているのかを知ることは，ネットワーキングのための第一歩です。

②　参加するかどうかを判断する。

　　業務の定着に役立つことであり，まず参加するという姿勢を大切にします。チャンスは一度きりかもしれません。

③　カンファレンス主催者や上司（所属長）に，参加目的を説明し了解を得る。

　　参加することで，患者・チームにどのようなメリットがあるのか予測できることを，具体的に説明できるよう準備します。また，カンファレンス主催者に対しては，「勉強させてください」という姿勢でのぞみ，よい関係を作るように努力することが大切です。

④　必要に応じてサマリーを作成する。

　　サマリー（要約記録）を配布しているカンファレンスの場合は，ソーシャルワーカーもサマリーを作成します。

⑤　終了後，フィードバックを行なう。

　　主催者や主治医に，参加して意義があった点を伝え，御礼を述べることを忘れないようにします。

　　継続して参加する場合は，その意思を伝え，定期的に参加することになった場合は，かならず出席することです。ソーシャルワーカーが医療チームに定着するためには，無断での欠席や遅刻はもってのほかと心得ることです。

2) 毎回の参加に関する手順

① **必要に応じて，サマリーを準備する。**
　対象者を確認し，必要に応じてサマリーを準備します。サマリーではカンファレンス参加者が求める情報は何かを考え，短時間で状況を伝えるために必要なことのみを記載します。

② **発言の内容をまとめておく。**
　他専門職との定例でのカンファレンスの場合，結論だけを簡潔に述べるようにします。どのようにアセスメントしたか，どんな援助を行なったかといったソーシャルワーク・プロセスに関する報告は求められていないことを認識してください。

アドバイス
▶カンファレンスを欠席する場合は，可能な限り他のソーシャルワーカーに代わってもらうようにします。それができない場合は，事前にソーシャルワーク報告を伝えてもらえるよう依頼すると同時に，事後に内容と結果を確認することが必要です。欠席したために，チームの療養方針がわからないということがないようにします。
▶ソーシャルワーカーの介入が必要と思われたクライエントについては，改めて，個別に主治医と話し合い，援助開始の了解を得るよう努力します。
▶職種により，クライエントの課題についての視点が異なるのはとうぜんのことです。むしろ，視点が異なるからこそチームが有効に機能するといえます。各専門職の専門性の違いを理解し，尊重することが必要です。他専門職に対して指示的な発言をすることを避けます。「○○をしてください」といういい方は，相手の専門領域を侵害する発言です。
▶テーマに沿った発言をすることが必要です。今，起こっている課題の解決に必要な情報のみを提供します。それ以外の情報や雑談は，討議の焦

点を不明確にし，クライエントのプライバシー侵害になる恐れがあります。
▶ソーシャルワーカーができることと同時に，できないことを明確に発言し，チームのなかで果たす役割をスタッフに伝えることは重要です。たとえば，「治療を受けるよう患者を説得してください」と依頼された場合，「説得」はできない。しかし，どのような事情があるのか，心境なのか「話を聴く」ことができると伝えていくことはできるでしょう。
▶医学的情報の他，病棟や他部門での患者のようす，ソーシャルワーカーが把握していなかった患者の心理・社会的背景など，カンファレンスで収集できる情報は多彩です。
▶定例カンファレンスの資料は，すでにケースとなっている患者のものについてはケース記録に保管します。それ以外のものについては「カンファレンス資料ファイル」を作成・保管し，新たにケース依頼があったときに参照できるようにしておきます。

5．回診参加

回診は，そのチームが担当している全患者の状況を把握するものです。この回診に参加することの目的としては，以下のことがあげられます。
① ソーシャルワーク援助のため，患者についての情報を収集する。治療方針の確認，患者の身体・精神状態の把握，病棟での療養生活・療養態度の把握など。
② ソーシャルワーク・ニードを持つ患者を発見する。
③ 新入院患者の動向を把握する。
④ ソーシャルワーカーの方針を医師・看護師へ伝達する。
⑤ 患者に関する医学的情報を得る。
⑥ 医師や看護師とのコミュニケーションを促進する。

⑦ スタッフや患者へのソーシャルワーカーの広報活動。存在をアピールする。
⑧ 医療チームのメンバーとしての認知を促す。

手 順

① 求めに応じて援助経過を報告できるように準備する。
　援助を行なっている患者について，問われたときに応じることができるよう援助経過をまとめておきます。
② 回診に参加する。
　回診という「場」にソーシャルワーカーが存在していること自体が大きな意味を持ちます。「顔をあわせている」ことは，人との関係を結ぶ上で大きな効果を生みます。
③ 患者を注意深く観察する。
　患者を直接目の前にし，視覚的にも患者の状況を把握できるのが，回診のメリットです。
④ 回診参加者間の討議をよく聞く。
　回診時の討議を注意深く聞き，医師や看護師から患者に関する情報を得ます。
⑤ ソーシャルワーク援助を必要とする患者を把握する。
　回診は，ソーシャルワーカーが直接ソーシャルワーク援助を必要とする患者を発見できる場です。たとえば，重度の後遺症を残す恐れのある患者や心理的に動揺している患者など気になる患者を把握し，主治医に状況を確認します。

アドバイス

▶患者に関する情報をスタッフに提供する場合，他の患者に聞かれることがないようプライバシーの保護に注意します。
▶回診の第一義的な目的は，患者の診察と医師スタッフ間の治療上の情報

交換です。主治医と協議する場合は，回診を中断させることがないようタイミングをはかります。また，回診の邪魔にならないように立つ位置などにも注意します。

▶ソーシャルワーカーが回診に参加するようになった場合に，自分の都合で休んだり，時間に遅れたりすると信用をなくすことになります。かならず時間を守り，継続することが重要です。

▶ソーシャルワーカーが回診に参加できるようになるためには，医師や看護師からの要請や承認が必要です。そのために，ソーシャルワーカーが回診に参加することによってどのような効果が期待できるか，日ごろから理解を得られるように働きかけを行なう必要があります。具体的に，「患者の病状が知りたい。疾患についての知識を得たい」と参加を願い出ることも効果的でしょう。そして，もし診療科の長などから参加を認められた場合，病棟管理者である看護師長にも了解を得ることが必要です。

6. 地域の連絡会議等への参加

　保健所や福祉事務所などの関係機関が開催する連絡会議や事例検討会などへの参加は，地域の関係機関の機能を理解したり，自らの所属する機関の機能について関係機関の理解を促すなど，ネットワーキングの有効な一手段となります。参加の要請を受けた場合は，極力参加するよう心がけたいものです。

　本節では，退院時共同指導や他機関との地域連携会議など，特定の患者の支援を目的とした連携活動は含めません（これらについては2章を参照のこと）。

手 順

① 会議の目的・日程などを確認する。

連絡会議や事例検討会などへの参加の要請を文書・電話などで受けたら，会議の目的・日程などを確認します。ネットワーキングの観点からはぜひ参加すべきなのですが，業務上の都合や会議の目的などから出席するかどうかを検討します。もし，出席できない場合は，欠席の返事とともに，参加を要請されたことへのお礼と「ぜひ出席したかった」意思を伝えます。

② 会議への出席が必要な場合，所属機関の許可をとりつける。

　ソーシャルワーカーは，一個人としてではなく機関を代表して会議に出席していることを認識します。同時に，所属機関からもそのように認識されるよう働きかけます。会議には公務出張扱いで出席できるよう手続きをとります。

　また，対外的なネットワーキングそのものがソーシャルワーカーの必須業務であることも機関から理解される必要があります。報告や働きかけを通じて，日常的に理解を促すことが必要です。

③ 連絡会議・事例検討会などに出席する。

　開催時刻に遅れないように行きます。"忙しい"は理由になりません。事前に資料などの提出を求められている場合は，体裁や提出期限を守ることはいうまでもないことです。

　また，ネットワーキングの趣旨を理解し，初対面の参加者がいた場合は，積極的に自己紹介をします。

④ 会議での発言の適切さに留意する。

　機関外の会議に出席した場合は，機関を代表していることを念頭に置き，発言が適切であるかどうかを吟味します。ソーシャルワーカーが独断で即答すべきではない質問に関しては，その旨を返答し，機関に持ち帰ります。個人の見解を伝える場合は，"個人的な意見ですが"と前置きするなど，機関を代表しての発言と一線を画します。また，発言は簡潔明瞭を心がけます。

⑤ ソーシャルワーク部門にて会議内容を報告する。

　会議での決定事項，持ち帰った検討事項，とくに気になった事項について，部門にて報告します。

⑥ 会議資料を記録に残す。

　担当者の交替にそなえ，会議内容を記録に残します。①公文書，②本人作成資料，③配布された資料，および当日メモ，④部門での報告内容（出席者，決定事項，特記事項），⑤議事録（あれば）を時系列にそって保管するだけでも，有効な記録となります。

アドバイス

▶院内スタッフ・関係機関とのやり取りは，内容のいかんを問わず自分の業務に影響をおよぼすことをつねに意識している必要があります。

▶担当者が代わったり，機関の機能が変化するなど，相手の機関の状況は時間の経過によって変化していくので，すでに連携が取れている相手でもつねにネットワークを意識した努力が必要です。

▶いわゆる「なれあい」関係はよいネットワーキングとはいえません。私的な関係が強化されすぎると，機関の機能からはずれた頼まれごとを断りきれなくなるなど，多くの問題が生じます。ネットワーキング本来の目的を見失うような関係にならないように注意します。

7章　スーパービジョン

　スーパービジョンの定義については歴史的な経緯を経て,「専門家養成および人材活用の過程」(福山和女, 2000)だとする意見が普遍性を持ったといえるでしょう。いわゆる「かかわる職業のなかに人間関係があるところ, スーパービジョンあり」といわれるように, いまやいたるところでスーパービジョンということばは使われています。その内容を, ここでは,「経験を重ねたソーシャルワーカーがスーパーバイザーとして, 経験の少ないソーシャルワーカーがその職務を的確に遂行できるように, 運営管理的・教育的・支持的機能を果たすこと」と規定します。

　スーパービジョンを受けることによって, ソーシャルワーカーは自分の仕事について方向づけを得, 自分のしていることの妥当性について検討したり, 他の方法を教育されることで, 専門家として育っていきます。また, スーパービジョンをとおして, 自分が支えられる良い体験を積むことができます。

目　的

　スーパービジョンの目的は, "スーパーバイジーであるソーシャルワーカー"(本章ではたんにソーシャルワーカーと表記する)がクライエントにより良い援助を提供できるような専門家として育てること, すなわち社会福祉の価値と倫理に基づき, クライエントの意思を尊重しながら援助を行なうことができるようにすることです。さらに, 機関が提供するソーシャルワーク・サービスの質を管理することも目的の一つです。

1. スーパービジョンの機能

スーパービジョンには，以下の機能があります。

1) 運営管理的機能

スーパーバイザーは，ソーシャルワーカーがクライエントに質の高い援助を行なっていること，またソーシャルワーカーの働きが所属機関の目的に適合していることを確認しなければなりません。その内容のおもなものは，以下の9点です。

① ソーシャルワーカーに医療機関の方針を理解させるように努める。
② 就業規則，面接時間などが守られ，記録，報告，統計が整備されていることを確認する。
③ 組織人，専門職としての基準が維持されていることを確認する。
④ 複数であればソーシャルワーカーたちに仕事の配分をする。
⑤ 担当するクライエントについてのアセスメント，介入方法，援助過程そのものについても話し合う。
⑥ 必要なときにはソーシャルワーカーの仕事が達成できるよう組織に働きかける。
⑦ 必要に応じて，危機的な場面に対応する。
⑧ ソーシャルワーク部門と他の部門との調整を行なったり，ソーシャルワーカーが働きやすい環境を整える。
⑨ 担当しているソーシャルワーカーの業務の評価をする。

2) 教育的機能

ソーシャルワーカーがクライエントに適切な援助ができるように，人間関係のあり方，ソーシャルワークの価値・倫理・知識・方法などを伝え教育し

ます。ソーシャルワークにおける援助過程を取り上げ，記録を中心としたスーパービジョンがおもに中心になります。

3） 支持的機能

支持的機能としてのスーパービジョンは，ソーシャルワーカーを支え，自信を持てるようにすることです。スーパーバイザー，ソーシャルワーカーも共に，仕事において種々のストレスに直面します。このストレスに対処するために，以下のような手立てが講じられなければ，援助の質は低下し，ソーシャルワーカーの自己評価も下がります。

① ソーシャルワーカーが，気持ちよく，満足し，喜んで，心理的に安定した状態で働けるようにする。
② 再保証，奨励，達成したことの承認，現実に基づいた信頼の表現などを行なう。また一生懸命に耳を傾け，ソーシャルワーカーがストレスを減少するように助ける。
③ 働きやすいような環境を整え，情報や技術を提供する。
④ 支えられることが「良いこと」だと実感することで，ソーシャルワーカーのクライエントへの支持機能を強化する。

2. スーパービジョンの形態

スーパービジョンには，以下のような形態があります。
① スーパーバイザーとソーシャルワーカーが1対1で行なう個別スーパービジョン。
② スーパーバイザーと複数のソーシャルワーカーで行なうグループスーパービジョン。
③ 複数の同僚仲間のソーシャルワーカーによるピア（同僚）スーパービジョン。

グループスーパービジョンでは，個人スーパービジョンと比較して他のソーシャルワーカーの意見を聞き，その意見に対して各々の意見を述べ合うという点で，集団への積極的参加が要請されます。グループスーパービジョンにおいて自己を表現し，他人の批判を受け入れることは，専門的な自己の確立にもつながります。

ピアスーパービジョンは，まったくの初心者ではなく，少なくとも2, 3年以上の経験を持つソーシャルワーカーたちで行なわれるのが良いでしょう。

この他に，ある程度経験のあるソーシャルワーカーが，特定の件についてエキスパートの情報を求めて，コンサルテーションを受けることもあります。スーパービジョンでは，ソーシャルワーカーはスーパーバイザーの意見に従わなくてはなりませんが，コンサルテーションの場合は得た情報をどのように使うかはソーシャルワーカーの判断によります。

本節の手順では，もっとも基本的である個別スーパービジョンをモデルとします。

手　順

① スーパービジョンの少なくとも1日前までに，面接記録と，検討したい点，スーパーバイザーに援助を依頼する点，面接の評価，次の面接の計画などを書き，スーパーバイザーに提出する。

　スーパービジョンは，個々のクライエントへの援助過程を中心に行なわれます。ソーシャルワーカーにとって内容が初めてのもの，困難なもの，とくにソーシャルワーカーがスーパーバイザーの援助を求めたいものなど，ソーシャルワーカー側から提出されるものに限定されることなく，ときにはスーパーバイザー側からソーシャルワーカーに特定のクライエントについてスーパービジョンを受けるようにいうこともあります。とうぜんスーパーバイザーは，ソーシャルワーカーの担当ケース数とその概略を把握していなければなりません。

② スーパーバイザーはそれにコメントをつけ，参考文献があればそれを書き，ソーシャルワーカーに返す。
③ ソーシャルワーカーは，スーパービジョンの時間までにそれに目をとおして，両者の準備が整った上で，スーパービジョンを行なう。
④ 面接記録をもとに，スーパービジョンを行なうが，面接内容を話し合うことと並行して，専門職としての価値，倫理が実践でどのように守られているか，またソーシャルワーカーが専門家としての責任と自覚と誇りとを持つことの大切さを，どの程度理解しているかという点にも配慮する。

　このために，援助の方法のみにとらわれないで，ソーシャルワークの価値・倫理についても，自ら積極的に検討していくことを奨励します。また関連する文献を読んだり，学会に参加したりすることの重要性を指摘することも大切です。

　ソーシャルワーク過程の検討にあたっては，技術的な面のみでなく，ソーシャルワーカーの人間関係が仕事上にどのように活用されているか，改良されるべきところはどこかも注目しなければなりません。このための情報は，詳細な面接記録と，スーパービジョンの時間に，ソーシャルワーカーより得る補足説明に基づきます。

　ソーシャルワーカーは，自分というものを「さらけ出す」ことになると思いこんでいる場合もあるので，スーパーバイザーが自分を受け入れてくれている，快く自分を援助してくれるという体験をとおして，両者の信頼関係は育っていきます。
⑤ スーパービジョンの後，ソーシャルワーカーは話し合われた重要な点，指摘されたこと，今後の課題などを記録に書き加える。

スーパービジョンのための記録について

　個別面接や援助の過程は，グループワーク，コミュニティワークなどと異なり，スーパーバイザーや他のソーシャルワーカーに，そのようすが明らかではありません。そこで，スーパーバイザーが，ソーシャルワーカーの行なった面接をできるだけ正確に把握し，それに基づいてスーパービジョンを行なうために，詳しい面接記録を必要とします。

　面接の後できるだけ時間をおかずに，面接の流れにそって，クライエントとソーシャルワーカーのやり取りに加えて，クライエントの服装，態度，表情，さらにソーシャルワーカーの面接中にいだいた感情もふくめての記録を書く必要があります。しかし，このような正確な記録を書くことは，多くの時間がかかるだけでなく，ソーシャルワーカー自身の援助の実態をさらけ出すこととなり，精神的にも相当な努力を要することが予想されます。スーパーバイザーもこのことを念頭におき，まずソーシャルワーカーの記録の変更から開始するのではなく，あくまでソーシャルワーカーの持っている力を支える姿勢でのぞむことで，防衛的態度も緩和されます。

アドバイス

▶新卒のソーシャルワーカーに対しては最初の2年間は毎週1～1時間半のスーパービジョンの時間は，業務のなかに設定されていることが必要です。業務に組み込む必要があります。

　2年間という意味は最初の1年は，職場に適応していく過程においてソーシャルワーカーとしての働きを学び，いろいろな技術を身につけていくため，2年目は，自己覚知を広げつつ，さらにその技術をより高度なものとして伸ばしていくために必要なものです。

▶日本の現状では，機関内にスーパーバイザーがいない場合，機関の外にスーパーバイザーを求めざるを得ません。機関がスーパーバイザーを依頼することが望ましいのですが，ソーシャルワーカー個人で依頼することもあります。いずれの場合でも外部のスーパーバイザーは，運営管理

機能ではなく教育的・支持的機能を果たすことになります。

　機関の外にスーパーバイザーを求めるときには，そのスーパーバイザーについて先輩のソーシャルワーカーから情報などを集め，自分がどのような内容のスーパービジョンを望むかを明確にした上で依頼したいものです。そして，スーパービジョンを引き受けていただくときには，場所，時間，頻度と期間，料金などについて最初にきめておくようにします。とくに期間については一人のスーパーバイザーに（1年以上にわたる）長い期間つくことはおすすめしません。

▶スーパービジョンの必要性については，誰もが認めますが，現実に機関のなかでスーパーバイザーと位置づけをされている人は少ないかも知れません。しかし，経験のあるソーシャルワーカーが後輩に教育的・支持的かかわりを行ない，その人の成長を意図しつつ指導していくことを，スーパービジョンと位置づけ意識する必要があります。スーパーバイザーには多くが要求されますが，行なう側も受ける側も，共にスーパービジョンをとおして成長していきます。

　専門職としてソーシャルワーカーが社会全体に認められていくためには，一人ひとりのソーシャルワーカーが，全員の仕事の質を向上させることに力を尽くさなければならないと思います。経験を積んだソーシャルワーカーは，専門家としての使命の一つとして，スーパービジョンが日本の社会福祉のなかに根を下ろすように努力したいものです。

〔参考文献〕
荒川義子編著『スーパービジョンの実際』川島書店，1991。
デッソー／上野久子訳『ケースワーク・スーパービジョン』ミネルヴァ書房，1970。
深沢道子・江幡玲子「スーパービジョン・コンサルテーション実践のすすめ」『現代のエスプリ』395号，至文堂，2000。

福山和女『スーパービジョンとコンサルテーション』FK 研究グループ, 2000。
森野郁子「病院におけるスーパービジョン」『ソーシャルワーク研究』(Vol. 7, No. 3), 相川書房, 1981, pp. 22-24。
Kadushin, A., *Supervision in Social Work* (4 th ed.), Columbia University Press, 2002.
Pettes, O. E., *Staff and Student Supervision*, George Allen & Unwin, London, 1979, p. 35.

8章 研修・研究

　日本ソーシャルワーカー協会のソーシャルワーカー倫理綱領には,「専門性の維持向上」に,「自己の専門的知識や技能の水準の維持向上に努めることによって所属機関・団体のサービスの質の向上」に努めることがソーシャルワーカーの責務であると記されています（2004年にソーシャルワークの専門職4団体の統一倫理綱領を策定予定）。「研修・研究」はソーシャルワーカーの専門的知識や技能を向上させるための業務であることを意識しましょう。そして,これがソーシャルワーカーにとって重要な業務であることを確認する必要があります。

　「研修」は,先達がソーシャルワーカーとして蓄積してきた技能や知識を修得することであり,一方,「研究」はソーシャルワーカーとしてさらなる技能や知識の蓄積過程への参加といえます。専門職としてのソーシャルワーカー集団の力量は,他ならぬソーシャルワーカー自身が積み上げていくしかないのです。

1. 研　修

　日々進歩しているソーシャルワークの技能や知識を修得することが「研修」です。ソーシャルワーカーは,生きている"人"に対して,"自分自身を道具として"仕事を行ないます。だとすれば,われわれが専門職として存在するためには,自らの技能・知識の研鑽に日々主体的に励むことはとうぜんのこ

とです。文献や雑誌の購読など，一人で行なえる研修は多くあります。しかし，そうはいっても，一人で研修に励むことには限界があるとともに，独り善がりにもなりかねません。機会をとらえて，研修会などへ参加することが必要となります。

> **目 的**

① 最新の技能と知識を身につけること
② より適切な援助を行なえるようになること

> **方 法**

① 職能団体・学会などの研修会等への参加
② ソーシャルワーカー同士の勉強会の企画

1) 職能団体・学会の研修会等への参加

> **手 順**

① ソーシャルワークに関する学会，関連学会，各種研究団体に加入する。
　　どのような会があるのかを確認し，所属機関の業務に関連する学会やソーシャルワーカーとして関心を持っている領域の学会などに加入します。ソーシャルワークにかかわる学会など，代表的なものを次頁の表にまとめました。入会資格などに注意が必要です。
② 研修計画を立てる。
　　業務上必要とされる技能と知識，ソーシャルワーカーとしての今後を見すえた研修計画を立てます。
③ 研修計画に基づいて，必要な研修を探す。
　　研修は，学会などの他にも，さまざまな団体が開催しています。これらについては，学会ニュースなどで探すことができます。
④ 公務出張として参加することができないか，上司と相談する。
　　とくに直接業務にかかわる研修会や学会への参加の場合，公務出張扱

学会・専門職団体事務局

学会・団体名	住所・連絡先
(社)日本医療社会事業協会	〒162-0065　東京都新宿区住吉町2丁目18番 ウイン四谷607号室 TEL 03-5366-1057　FAX 03-5366-1058 http://www.jaswhs.or.jp
日本医療社会福祉学会	〒259-1193　伊勢原市望星台 東海大学医学部付属病院総合相談室 TEL 0463-93-1121 内 3355　FAX 0463-92-6175
日本社会福祉学会	〒160-0008　東京都新宿区三栄町8 森山ビル西館501 TEL 03-3356-7824　FAX 03-3358-2204 http://www.soc.nii.ac.jp/jssw/
(社)日本社会福祉士会	〒102-8482　東京都千代田区麹町4-5 桜井ビル3F TEL 03-5275-3580　FAX 03-5275-0139 http://www.jacsw.or.jp
日本精神保健福祉士協会	〒160-0022　東京都新宿区新宿1-11-4 TSKビル7F-B TEL 03-5366-3152　FAX 03-5366-2993 http://www.mmjp.or.jp/psw
日本ソーシャルワーカー協会	〒120-0083　東京都千代田区麹町4-5 第8麹町ビルB-557 TEL 03-3221-1877　FAX 03-3221-6523 http://www.jasw.jp
RSW研究会(リハビリテーションソーシャルワーク研究会)	〒227-0043　横浜市青葉区藤ヶ丘2-1-1　昭和大学藤ヶ丘リハビリテーション病院医療相談室 TEL 045-974-2221
上記団体の都道府県別支部・団体	

　　いにならないかを相談します。研修は私的な関心に基づくものではなく，よりよい業務を行なうためのものです。上司にこの点を説明し，承諾を得た上で，機関から派遣されて研修に出席することが適切です。もし，

公務出張扱いとなった場合には研修終了後に報告書を作成します。
⑤　研修会に参加する。

　　たとえば，新任者の場合，新人研修会に参加することにより，ソーシャルワーカーの知人ができます。このような同年代のソーシャルワーカー同士のネットワークを持つと，自分が今必要としている研修会の情報も伝わりやすくなりますし，何よりもお互いに支えあって学びあう場を持つことができるようになります。

⑥　報告を行なう。

　　業務の一環として公務出張扱いで研修に出席した場合には，ソーシャルワーク部門で報告します。また，所属機関に対しては報告書を作成します。報告書には，研修内容とともにどのような点で効果があったか，業務改善につながるかを記載し，研修がソーシャルワーク業務に不可欠であることを明確にします。

ソーシャルワークに関する雑誌

　ソーシャルワーカーが専門の雑誌から情報を得ておくことは重要です。ソーシャルワークの関連では下記のような雑誌があります。

『ソーシャルワーク研究』相川書房（年4回）
『社会福祉研究』鉄道弘済会（年6回）
『月刊福祉』全国社会福祉協議会（年12回）
『医療社会福祉研究』日本医療社会福祉学会（年1回）
『医療と福祉』（社)日本医療社会事業協会（年2回）
『ソーシャルワーカー』（社)日本社会福祉士会（年1回）

アドバイス

▶たとえば，（社)日本社会福祉士会では，生涯研修制度を設け，ホームページを通じ各種研修を紹介しています。また，e-mail を使用し適宜最新の情報を提供したり，会員同士の情報交換の場を設けています。加入の

上大いに活用するとよいでしょう。
▶また，医学書院ホームページ[http://www.igaku-shoin.co.jp]には，学会研究会紹介のサイトがあります。
▶専門職協会・学会に加入することは，研修，研究の場を得るのみならず，ソーシャルワーカーとして利用者の代弁機能を果たすことになります。ソーシャルワーカーの社会的使命は，一個人で果たすことが困難な場合が多いものです。ここにも専門職団体に加入することが専門家としての義務であるといってもよい根拠があります。

2) ソーシャルワーカー同士の学習会の企画

手 順

① 学習会メンバーを集める。

　まずは，共に学んでいきたいと考えている仲間を探します。各学会・協会の支部などが行なっている新人研修会は，地域のソーシャルワーカー同士が知り合うチャンスです。

② 学習会の形式をきめる。

　メンバーが集まったら，下記の点について合意しておくとよいでしょう。

　・研修内容・テーマ
　・研修目標
　・メンバー：固定／準固定／参加自由形式
　・期間：限定／無期限
　・研修の頻度と日程
　・会費：徴収／無料

　できる限り，メンバーや期間を限定し，研修の日程を決定しておきます。そうすることで，中断しにくくなりますし，なにより当初の予定が

終了した時点で，研修成果についてメンバー同士で確認し合い，その後の研修会について改めて決定することができます。また，研修目標を設定することで，研修成果の検討をより具体的に行なえるようになります。
③　助言者の導入について検討する。

　助言者を導入することで，自分たちでは解決できないことがらを放置しておく事態を避けられます。毎回参加していただき助言を受ける，問題が生じたときに相談する，研修内容を報告しスーパーバイズを依頼するなど，さまざまな方法があります。
④　記録を作成する。

　記録を作成することにより，メンバー同士で研修内容を確認することができます。また，研修成果を蓄積していくことが可能となります。モニタリングのさいに，役に立つことはいうまでもありません。
⑤　研修終了時にモニタリングを行なう。

　有期限の場合は，研修終了時にメンバーで研修成果について確認し合い，その後の研修計画を策定します。期限をきめていない場合にも，一定期間を経た段階でモニタリングを行なうことで方針を再検討することができます。

他専門職との学習会・勉強会

　学習会はソーシャルワーカー同士で行なうものばかりではありません。一つのテーマにそって，多くの専門職が集まり学習会を開催すると，各専門職の考えを学ぶことができたり，視野を広げたり，チーム医療に欠かせない"他専門職の理解"を得る機会となります。大いに企画・参加するとよいでしょう。

アドバイス

▶講師を招く勉強会を積極的に企画するとよいでしょう。講師を招く場合には，時間をとって準備し，講義をしていただいたことに敬意を表し，

かならず常識的な額の謝礼を用意します。
▶院内のスタッフを講師として招く勉強会も積極的に企画するとよいでしょう。他専門職の専門性に敬意を表し，学ぶ機会を身近に求めることは学ぶものの姿勢としての基本です。
▶学会，研究会などで，講演を聴く機会は得られますが，メンバー間の相互作用のなかから多くのことを学べる，ソーシャルワーカーの私的な勉強会の充実も大切なことです。
▶近隣地域に働くソーシャルワーカーは，皆優れた社会資源だと心得ましょう。実際，一人職場にいる新任のソーシャルワーカーにとって，学習の機会を得ることは容易ではありません。周りの先輩ソーシャルワーカーに相談することで道は開けます。

2. 研　究

　ソーシャルワーカーは，他ならぬ自分自身がソーシャルワーカー集団の専門性向上の一端を担っているのだということを認識する必要があります。ソーシャルワーカーの技能と知識の進歩は，ソーシャルワーカー自身による経験の蓄積によってもたらされるものです。他の誰も肩代わりしてはくれません。専門職にとって「研究」は，自己研鑽のためであると同時に，この専門職集団の「知識の蓄積」に貢献するという意味もあります。
　たとえば，ソーシャルワーカーは，日々の実践活動のなかで"モニタリング"を行なっています。このモニタリングを含めた実践活動を一般化し発表することは，自分自身が行なってきた業務内容を客観化し，再検討することになると同時に，他のソーシャルワーカーにとっては，必要時に活用できる資源にもなります。
　また，他の専門職が学会発表をする機会が多い保健・医療機関では，組織のなかで専門職として存在し続けるために，ソーシャルワーカーが研究発表

し，論文を作成するという業務がもたらす効果は大きいといえます。

目　的

① 専門職集団としてのソーシャルワーカー集団への貢献
② 実践科学としての社会福祉学への貢献
③ 今起こっている社会福祉にかかわる問題の明確化
④ 実践活動の客観化・一般化
⑤ 実践における課題解決方法の明確化
⑥ ソーシャル・アクションにつなげる基礎資料の作成

手　順

① つね日頃から問題意識を持って日常業務を行なう。

　問題意識を持って日常業務を行なうとき，現場は研究テーマの宝庫だといえます。恵まれた研究環境にいることを自覚します。とくに，実践現場だからこその強みは，実践のなかで感じる「実感」です。たとえば，「最近，こんな訴えが多い」「このような患者群は他の患者群とは異なった援助課題がある」といったことを実感したら，それを足がかりに研究をスタートすることです。

　また，ソーシャルワーカー自身が積極的に展開した新たな試みを開示していく，いわゆる「実践報告」も研究として意義が大きいものといえます。この場合，研究は業務のモニタリング結果をさらに熟考する機会ととらえることができます。

② 問題意識を熟成させる。

　「実感」したことがあれば，その問題意識を熟成させることが必要です。たとえば，院内の他部門・機関ではその件にかかわる変化があるのかどうかについて，ヒアリングを行なう。さらには，そのケースの背景にあるものに関心を寄せて文献を探すなど，積極的に情報を収集します。

　背景にあるものとして，医学の進歩(たとえば，生殖医療)，社会的問

題の変化（たとえば，ホームレスなど），政策の転換（たとえば，医療保険制度の改定）などが考えられます。ソーシャルワークに関する文献のみならずこれらの文献も積極的に検索します。
③ テーマを決定する。

　日常感じている実感とその背景にあるものを結びつけると，テーマが浮き彫りになってきます。

どんなテーマが研究の対象になる？

　ソーシャルワーカーが多く出席している学会に参加し，さまざまな報告を聞くことで，ぼんやりと感じていたテーマを明確化することができます。
　たとえば，特定領域に特有な患者の状況，特定領域におけるソーシャルワーク，ソーシャルワーク理論の実践への応用など，さまざまな切り口があることに気がつくことでしょう。また，手法も，質問紙や面接による調査，ケース検討や実践報告などの事例検討などがあります。
　たとえば，2003年度の(社)日本医療社会事業学会の演題には次のようなものがありました。
1)「特殊疾患療養病棟をもつ医療機関のSWの役割を考える」
2)「緩和ケア移行へのソーシャルワーク」
3)「小児がん患児家族調査報告」
4)「当院から転院した患者の訪問面接，結果報告」
5)「転院調査　MSWにとって転院問題とはなにか」
6)「長期入院重症小児のサポートシステムの構築にむけて―神奈川県における実態調査をもとに―」
7)「生態学的視点からの相談事例の分析を試みる」
8)「回復期リハビリ病棟における利用患者状況」

---

④ 同様のテーマの先行研究を調べる。

　テーマがきまったら先行研究を確認します。これは自分の研究テーマを客観的に見直すチャンスになります。もし，すでに同様の研究があるのであれば，その先行研究と自分の研究テーマを比較し，自分がそのテ

ーマについて研究する意義について改めて考えることができます。
　先行研究を調べることにより，取り上げたいテーマについて以下のことをチェックします。
1) 同じようなテーマの研究をしている人またはグループはあるか。
2) そのテーマをどのような方法で研究しているか。
3) これまでどのような結論が得られているか。
4) 残されている課題はなにか。

　先行研究を検索するさいには，第一次文献に当たることが重要です。他の文献に引用されている部分を原典を当たることなくそのまま引用するいわゆる"孫引き"を行なうと，本来の著者が意図していたテーマを見誤ります。孫引きは研究そのものの価値を下げることになります。

　文献の探し方には，図書館での検索以外にも次のような方法があります。
1) 関連文献の末尾にある参考文献リストから当たる。
2) 関連学会・研究会等の研究誌，学会抄録を検索する。
3) インターネットで検索する。
　　・書籍に関しては，国会図書館［http://www.ndl.go.jp］などを活用します。
　　・国立情報学研究所［http://www.nii.ac.jp］の「情報サービス」の「研究紀要ポータル（研究紀要の検索）」，「Webcat（大学図書館所蔵図書の検索）」は活用しやすいサイトです。
　　・各学会・出版社のホームページのなかには学会誌・雑誌の論文検索ができるものがあります。
　　・その他，YAHOOなどの検索エンジンに，"社会福祉""論文""検索"などのキーワードを入れると，論文検索が可能なホームページにいきあたります。
⑤ 研究目的と方法を再度熟考する。

研究発表を行なわなくてはならないので、といった"アリバイ"のためだけに研究を行なうことは厳に戒めるべきことです。なんのために研究を行なうのかをもう一度熟考してください。その上で、どのような方法で研究を行なうかについて検討します。とくに、事例を使用する場合、その研究方法はソーシャルワーカーの倫理綱領に抵触しないものかどうか、振り返ってください。

⑥ 研究計画を立てる。
1) 研究スタイル：個人研究／共同研究
2) タイムスケジュール：発表までのタイムスケジュールを組む
3) 研究目的：なるべく具体的にきめる
4) 研究対象：なるべく限定させる
5) 調査方法：量的調査（質問紙調査など）／質的調査（事例検討・参与観察）

　　たとえば、先にあげた研究テーマ例の「調査」は量的調査にあたります。報告者自身の実践報告は質的調査になります。それぞれ調査方法についての基本事項を押さえることが必要となります。下記の文献はわかりやすく大変参考になります。

　古谷野亘・長田久雄『実証研究の手引き：調査と実験の進め方・まとめ方』ワールドプランニング，1992。

6) 発表方法：学会などでの口頭発表／報告書・論文作成

⑦ 研究計画にのっとり、研究を行なう。
　調査は、かならずしも予定通りにはすすみません。柔軟に考えます。
　また、予測と異なる結論が導き出されることが多くあります。しかし、だからこそ、調査を行なう意義があるともいえます。このような場合、自分の実感や先行研究には見られない新たな視点を示唆しているものと理解できます。重要なのは、導き出された調査結果をどのように考察す

るかという点です。
⑧ 研究成果を発表する。

　成果の発表の方法としては，(イ)学会などでの口頭発表，(ロ)論文作成があります。

(イ)　口頭発表
　(1)　発表学会を決定し，申込みを行なう。
　(2)　発表時間，発表に使用できるツール(OHP, パワーポイントなど)を確認する。
　(3)　抄録原稿を作成する。

　　指定された分量・内容で抄録原稿を作成します。口頭発表の場合，活字として残るものは抄録集のみです。かならず，結論・考察まで記載します。

　(4)　発表原稿を作成する。

　　原稿には，後述する「論文に含める項目」(137頁)の3)〜8)を含めます。

　　400字詰原稿用紙1枚を読み上げるのに1分かかる見当で作成します。また，OHP, パワーポイントなどを活用し，要点を視覚的に訴えるようにします。

　(5)　予行演習を行なう。

　　耳からの情報は的確でなくては理解が困難になるものです。時間内に報告できるかどうかの確認，読み上げのスピード，声の調子，報告内容の順序等を確認するために，予行演習を行ないます。自分があがることを避けるためもありますが，たとえば，報告時間を超過すると，予定通りのプログラム進行ができなくなり，他の会場から聞きにくる人など，周囲に迷惑をかけます。"絶対に"予演会をしてください。

(ロ)　論文作成

(1) 記載上の注意，規定枚数，締切を確認する。
(2) 論文に含める項目
　　1) 題名
　　2) 著者名（所属機関）
　　3) キーワード
　　4) はじめに，問題の所在（なぜ，このテーマの研究を行なったのか）
　　5) 先行文献，本研究の意義・関連する概念の整理
　　6) 研究対象・研究方法
　　7) 結果
　　8) 考察，結論
　　9) 謝辞（特記すべき協力者など）
　　10) 注・参考文献・引用文献・要約

アドバイス

▶事例を用いる場合，プライバシーの保護，人権を守る視点を堅持することが大切です。事例当事者が読んでも自分のことだと確信できないことが目安になります。もう少し"生"の事例を使用するときは，本人の了解が必要です。了解があっても，写真を使用するときはとくに細心の注意が必要です。

▶研究を他の業務に優先させないことはいうまでもありません。研究を業務の一部と認め，積極的に支持してくれる医療機関は残念ながらまだ少ないのが現状です。このときこそ，組織に働きかける戦略をたて，地道な発表の積み重ねから研究業務を勝ち取っていく努力が必要です。

▶まだ研究に理解がない職場にいる場合，休暇をとって，身銭を切って，研究しようとする態度が期待されます。今それをすることで，自分の将来の仕事のために，後輩の環境整備のために，はかりしれない貢献ができます。

9章 教 育

　社会福祉は実践の学であるため，ソーシャルワーカーになるためには大学での講義だけではなく実践の現場で，ソーシャルワーカーとしての基本的価値，倫理，知識，技術，態度を学ぶことが必要です。

　その意味から，現場のソーシャルワーカーは，社会福祉を学ぶ学生や後進のソーシャルワーカーなどに実践の場を積極的に提供し，ソーシャルワーカーの育成にかかわっていく必要があります。

　さらに，現場のソーシャルワーカーの立場から社会福祉・医学・看護などの学生に対する教育機関での講義も，機会があれば積極的に行なっていく必要があります。

目 的
① ソーシャルワーカーの実践への理解を促す。
② 社会福祉の価値を伝える。
③ ソーシャルワーカーとしての基本的な価値・倫理・知識・技術・態度を伝える。

方 法
① 社会福祉を学ぶ学生に対する実習生の指導
② 現任者（ソーシャルワーカーだけではなく医師や看護師なども含む）の研修指導
③ 社会福祉学・医学・看護を学ぶ学生などに対する講義

1. 実習生の指導

　実習生指導は，大学で学んでいるソーシャルワークの原則が，実践の場でどのように行なわれているかを体験させ，ソーシャルワーカーとして必要な，価値・倫理・知識・技術・態度を身につけさせるために行なわれます。

　欧米では，ソーシャルワーカーの専門教育で実習の占める割合が非常に多く，「実習をとおしてソーシャルワーカーが養成」されていることがわかります。医師・看護師・PTなどの実習時間の多さからもわかるように，実践に必要な価値・倫理・知識・技術・態度などは，現場実習をとおしてもっとも効果的に修得されるものです。

　わが国では実習時間が短いのですが，たとえ短期であっても実習生を受け入れたならその期間に，とくにソーシャルワーカーの基本的価値・倫理にふれさせることを目的にして，きめ細かなプログラムを組むことが必要です。このとき，実習生のニーズを中心に考えるのではなく，医療機関の相談室としてプログラムをあらかじめ持っていることが必要です。実習生はお客様ではなく，機関の実習目的にそったプログラムにしたがって学習するのが実習生に与えられた義務だといえます。そのなかで学生が実習生として自分のニーズをプログラムに沿った形で具体的に提示するよう指導しましょう。

　実習生の指導は，実習中のみでなく，実習前・実習後も含まれます。ここでは，手順を時系列に3つに分け，説明します。ここでの実習の対象は，社会福祉専攻の学生に限定します（他機関の新人ソーシャルワーカーへの指導の場の提供は，現任者の研修，146頁を参照のこと）。

手　順

1) 実習前

① 大学から実習の打診を受ける。
② 実習プログラムの大枠を大学に提示する。
③ 実習生受け入れについて機関の了承を得る。
④ 大学の実習担当者と受け入れについて話し合う。
⑤ 学生と話し合いの時間を設ける。
⑥ 実習依頼の公文書を受け取る。
⑦ 実習要項を参考にし，実習生の実習目的とプログラムを調整する。

2) 実習中

（1）実習初日には，実習期間の短期・長期にかかわらず，以下の要領で，実習のオリエンテーションを行なう。

〈オリエンテーション〉

① 実習プログラム・スケジュールを確認する。
　　実習前に合意して作成した実習目的に沿ったプログラム・スケジュールを双方で確認します。
② ソーシャルワーク実習中の規則について説明する。
　　服装・名札など，実習生として守るべきことの説明を行ないます。守秘義務・ソーシャルワーカーの倫理綱領についても大学での学習内容を確認しておきましょう。
③ 機関の機能，特徴について説明する。機関についてのパンフレットなど，資料があれば，それを用いる。
④ この機関のソーシャルワーカーの役割と職務についての概略を説明する。

　　　　ソーシャルワーカー部門についてのガイドブックなどがあれば，それを用いるのが望ましいでしょう。
　⑤　実習期間中に，関連のある部署，施設へ案内する。
　　　　実習受け入れの管理部署や学生が単独で出入りする部署には，ソーシャルワーカーが同行して挨拶し，必要な設備の機器の扱いについて説明します。
（2）　教育機関の担当者と連絡をとりあう。
（3）　一方的な知識の伝達にならないように配慮し，フィードバックを心がけ，実習生に考える機会を持たせる。
　　　　実習記録ノートは毎日提出することで，実習生は，実習で得たことを言語化でき，指導者は，実習のフィードバックを受け，その後の実習計画を修正することができます。
（4）　実習終了後に，実習目的の達成の程度と課題について確認する。

3）　実習後

① 実習の評価・感想（気づきや自己の傾向性についての発見や確認などを含む）などのレポートを提出させる。
② 実習指導者からの評価表は，できるだけ早く教育機関の担当者へ提出する。

アドバイス

▶学生は，実習の場でさまざまな気づきや自己の傾向性について知ることを体験します。同様に，指導する側のソーシャルワーカーにとっても，ソーシャルワーカーの価値・倫理・原則をどのように実践しているかなど，自らが問われる機会となるはずです。
▶ソーシャルワーカー自身が，何を伝えたいのかをはっきりと確認することが大切です。
▶大多数の学生にとって実習先は1ヵ所です。そのため実習先で出会った

ソーシャルワーカーが,その学生にとって「ソーシャルワーカーのモデル」になることもあります。だからこそ,私の後姿から学びなさいなどという態度は厳禁であることも自覚しておきたいものです。
▶聞かなければわからない,これはソーシャルワークに限らず仕事の基本です。かならず質問に答える時間をとることです。
▶組織内の調整を十分にしない段階で,実習生を受け入れる行為は,百害あって一利無しです。自分だけは実習の必要性がわかっているからと実験的に実習も受け入れる行為は,実習生を「いけにえ」にする行為であるとさえいえましょう。実習はかならず機関と機関の契約でなされるという基本を大切にしましょう。
▶大学の単位とは関係なく,医療ソーシャルワーカー志望のため任意に実習を希望してくるような場合でも,大学から公文書を出してもらい,正式に実習契約を結ぶようにします(感染症,守秘義務など,医療機関は特別な配慮が必要だということの理解は重要です)。

　実習指導マニュアルについては『保健医療ソーシャルワーク実習』(日本医療社会事業協会監修,川島書店,2002年)を参考にすると,より具体的に指導できるでしょう。
　さらに,以下のような個別に具体的なマニュアルを作成しておくと便利です。

例:○○大学病院実習指導マニュアル

実習生指導マニュアル例

　ここでいう実習生とは,福祉系大学4年生の実習生のみならず,すでに卒業して医療機関で働いているソーシャルワーカーの研修生も含みます。
　A:4年生の長期実習
　B:4年生の短期実習

C：研修生

1. 実習目的
　疾病を契機として，患者や家族がどのような社会生活上の問題に直面するのか，その諸問題に対してソーシャルワーカーはどのような働きをしているのか，そのためにはどのような価値・倫理・知識・技術・態度が必要かを学ぶ（A，Cの場合は，実際に行なうことができるようになる）。

2. 以下のようなことを日を追って学び，体験していけるようにする。
　① 疾病を契機として患者や家族はどのような問題に直面するか。
　② ソーシャルワーカーには，どのような価値・倫理・知識・技術・態度が必要か。
　③ ソーシャルワーカーが，医療機関でどのような位置づけにあるか，どのように業務を開発定着させているか。
　・現在どのような業務を行なっているか
　・依頼されるケースの傾向
　・提供しているサービスの内容
　・当院におけるソーシャルワーク部門の歴史：組織や人員の変遷，業務の変遷など
　・使用している書式
　・社会資源の文献やパンフレット類
　・医療機関で働く多様な職種とその機能および連携・協働のしかた
　・地域の関係機関の種類と地域関係機関との連携
　・どのように広報・教育を行なっているか

3. 具体的な実習内容
　① 面接同席。
　② スタッフルームのソーシャルワーカーたちの動きを知る。
　・どのような業務を行なっているか，どのような電話がかかってくるか
　・どのような人が出入りしているか，その目的ソーシャルワーカーの対応を知る

③ 日報・月報・年報の作成の目的とどのように活用されているかを知る。
　・実習生は日報に目をとおす，日報を集計して月報・年報を作る。
④ 文献（社会資源関係・ソーシャルワーク実践書など）を読む。
⑤ ケース記録を読む。
⑥ スタッフ・ミーティングに参加。
⑦ 回診同行。
⑧ カンファレンスに参加。
⑨ グループスーパービジョンや病院内で実施される各種講演会などに参加。
⑩ 個別スーパービジョンを受ける。

4．オリエンテーション内容（実習初日）
① 実習目標と実習期間中の大まかなスケジュール説明。
② 「○○大学病院ソーシャルワーカーガイドブック」をテキストにして，当院におけるソーシャルワーカーの概略を説明。
③ 総合相談室内部を案内。
④ 院内見学。
⑤ 医療機関に働く者として，ソーシャルワーカーとしてのルール，倫理綱領等の説明(秘密の保持，クライエントと私的な関係を結ばない等)。
⑥ 研修生の場合，とくに重点的に実習したいことがあれば，その内容と実習方法を話し合う。
　§面接同席について…同席させない方がよいと判断した学生には同席させないこと。

目　的
　・面接の実際を学ぶ（ソーシャルケースワークの説明）。
　・クライエントの主訴がわかる。
　・ソーシャルワーカーがどのように面接を展開し，どのように問題点の核心に迫っていくのか，どのように援助を提供したかを学ぶ。
　・クライエントの態度や雰囲気を理解する。

- 「契約」という概念を理解する。
- アセスメントを学ぶ。
- 活用した社会資源がわかる。
- 依頼されたケースの場合の事前の情報収集のしかたがわかる。
- 院内の他職種とのコミュニケーションの取り方がわかる。
- 関係機関との連携の取り方がわかる。
- 記録の書き方を学ぶ。
- 秘密の保持についてくり返し確認する。

同席させることが実習生にとって「良い」と判断される例（クライエントの同意を得た上で）。

- 経済的問題……医療費の計算のしかた，患者の負担分，高額療養費，公費負担の諸制度，生活保護法等の説明。
- 透析オリエンテーション……目的説明，面接同席，社会資源説明。
- 骨髄移植ケース……医師のオリエンテーション同席，面接同席，なぜ全員にインテークするかの背景説明。
- 転院ケース……背景説明，面接同席，さまざまな病院のパンフを見せる，ソーシャルワーカーの役割説明。
- 救命救急ケース……突然のけがや病気がもたらす心理・社会的諸問題の説明。

§クライエントはソーシャルワーカーの要請を断りにくいことを十分に考慮し，実習生のニーズを優先させることは控えます。

§卒後研修の場合には，派遣元病院でどのように業務を定着させていくかについて，PRのしかたなど，病院の状況を分析したうえで，有効な戦略を一緒に検討します。

2. 現任者の研修指導

経験あるソーシャルワーカーのもとを訪れた，他機関の現場で働くソーシャルワーカーへの研修をさします。実習生指導に比べると，現任者は，現場

での問題や課題を抱えていますので，問題や課題に則した対応が求められます。「総合相談部システムの導入」，「患者会の組織化」といった，具体的課題や特徴的な運営・管理システムに焦点を当てた研修になることも多いでしょう。

さらに日本では，新卒者が一人ワーカーの職場で働く，また新卒者が初代のソーシャルワーカーとして働き始める，といったことも珍しくありません。そのような場合には，経験あるソーシャルワーカーのもとでの研修は，重要な意味を持っています。

現任者の研修は，半日単位から一定期間継続するものまで考えられます。個別スーパービジョンを含む場合もあります。この点は，7章の「スーパービジョン」(117頁)を参照して下さい。

  手　順

① 現任者のニーズを把握する。
② 所属機関とソーシャルワーカーの業務について説明する。
③ 機関を案内する。
④ 資料（記録用紙，業務統計，パンフレットなど）を紹介する。
⑤ 研修・見学の場を用意する。

  アドバイス

▶新人ソーシャルワーカーや，開設（準備）期のソーシャルワーカーにとっては，現場での貴重なネットワークづくりともなります。

3. 講　義

社会福祉専攻学生の他，医学・看護学生などに対して講義を行なうことをさします。教育機関での講義のみでなく，実習にきた看護，リハビリの学生にソーシャルワーカーを紹介するものなども含まれます。

院内職員を対象にした講義については，10章「広報」の「院内スタッフへのオリエンテーション」(158頁)を参照して下さい。

> **手　順**

① 講義のレジュメを作る。
② 教科書的にならずに，現場で働く者の実感をこめて話す。
③ 実際の事例を用いて，臨場感を伝え，ソーシャルワーカーの行なっていることや医療における社会福祉の視点を示す。たとえば，患者は，病気を持つ存在であると同時に，「生活者」であるといった視点を具体的に説明する。
④ 医学・看護学など他の専攻の学生には，それらの専門職とソーシャルワーカーがどのように協働しているのか，またはソーシャルワークの独自の視点を伝える。

> **アドバイス**

▶事例をわかりやすく，いかに共感を呼ぶように話すか，そのスキルを身につける必要があります。プレゼンテーション能力を養いましょう。
▶事例を紹介する場合には，クライエントの秘密の保持に注意する必要があります。
▶事例を選ぶさいには，稀有で奇抜なケースよりは，日常的な相談のなかで，ソーシャルワーカーの視点が伝わりやすいものを選択します。
▶他の専門職に対して対峙するイメージを伝えず，ともに協力しあって患者に対し援助を行なっている点を強調するようにします。

10章 広　報

　現段階ではソーシャルワーカーの専門性は，まだ十分に認識されている状況とはいえません。そこで，患者・家族や院内スタッフ，さらには地域の方々から理解されるための「広報」活動は，ソーシャルワーカーの重要な業務の一つとなります。

　支援が必要な方がソーシャルワーカーに出会えずにいることがないよう，積極的に広報活動を展開していく義務がソーシャルワーカーにはあります。さらに，この活動は直接これから利用する可能性のある人を対象とするのみではなく，「要支援者をソーシャルワーカーにつなげてくれる可能性のある人びと」――すなわち，院内スタッフ，地域の方々――に対しても行なうものです。

　また，ソーシャルワーク業務の広報のみではなく，地域に対する所属機関に関する広報も重要です。ソーシャルワーカーには医療機関と地域の橋渡しをする役割があります。さらに，医療機関においては地域の人びととかかわりを持つ機会が多い位置にあります。地域の人びとに，所属機関がどのようなサービスを提供できるのか，どのような特徴を持っているのかを伝えていくことで，地域の人びとは所属機関を資源として適切に活用することができるようになるのです。

目　的

　所属機関やソーシャルワーク部門の利用者・これから利用する可能性のある人・要支援者をソーシャルワーカーにつなげてくれる可能性のある人

びとを対象に，所属機関やソーシャルワーク部門の業務内容・役割・機能を提示し，利用しやすくする。また，地域の人びとや院内スタッフを対象として，所属機関・ソーシャルワーク部門の業務内容を知らせる。

> **方　法**

① パンフレットの作成
② 広報用掲示板・ポスターの設置
③ 見学者へのオリエンテーション
④ 院内スタッフへのオリエンテーション
⑤ 講演

1．パンフレットの作成

院内に置くソーシャルワーク部門の案内パンフレットや『退院といわれたときに』といった病院のパンフレットの作成をさします。

> **手　順**

① 何を伝えたいかを明確にする。
　せっかく作成するのだからと，あれもこれもとたくさんの情報を盛り込むことは焦点が定まらないことになるので避けるようにします。パンフレットの利用目的，対象となる方々の年齢層などを考慮し，内容の焦点を定めます。また，所属機関のイメージからかけはなれた独善的なものにならないように注意します。
② 作成に当たっての関連部署との連携のとり方を確認する。
　作成に当たっては，上司の了解ととる必要があります。また，関連部署の了解が必要かどうか，他の部署と共同で作業するべきかどうかを検討します。
③ 許可の取り付け，予算の確認を行なう。

パンフレット作成の許可を得るための交渉・話し合いは，病院管理部門に対してソーシャルワーカーの機能の理解を促すチャンスとなります。交渉・話し合いは，パンフレット作成許可と，そのための予算獲得の両者について行ないます。パンフレットを作成するとどのようなメリットがあるのかを説得できる資料を準備して臨むとよいでしょう。
　作成許可が下りたのであれば，予算を取れなかった場合にも限られた範囲で行なえることを試みることが大事です。コンピュータを使えば，見栄えのよいものを容易に製作できます。

④　他機関のパンフレットなど，類似・関連資料を収集する。
　各機関が作成するパンフレットには，それぞれの機関の特徴が現れているものです。他機関のパンフレットを参考にすることで，所属している機関の特徴を再認識できます。ただし，他機関の資料から引用するさいはかならず先方の了解を得るなど，著作権にかかわる手続きをきちんととるようにします。

⑤　想定されるパンフレット読者の意見を聴取する。
　文章のいいまわし，文字の大きさ，色づかい，情報量の多寡などの適切さは，対象とする読者によって異なってきます。パンフレット読者からの率直な意見をとり入れるようにします。

⑥　配布場所を検討する。
　「病院パンフレット」「入院案内」にはさむ，外来窓口に常置するなど，来談の必要が生じる可能性の高い患者・家族にパンフレットが行き届く方法を検討します。
　外来や病棟に置くのであれば管理者に許可・理解を求めるようにします。ソーシャルワーカーが勝手に判断することは厳禁です。

アドバイス
▶パンフレットの対象読者は不特定多数です。そのため，わかりやすく誤解を生じないよう，ことばづかいや内容には十分配慮する必要がありま

表

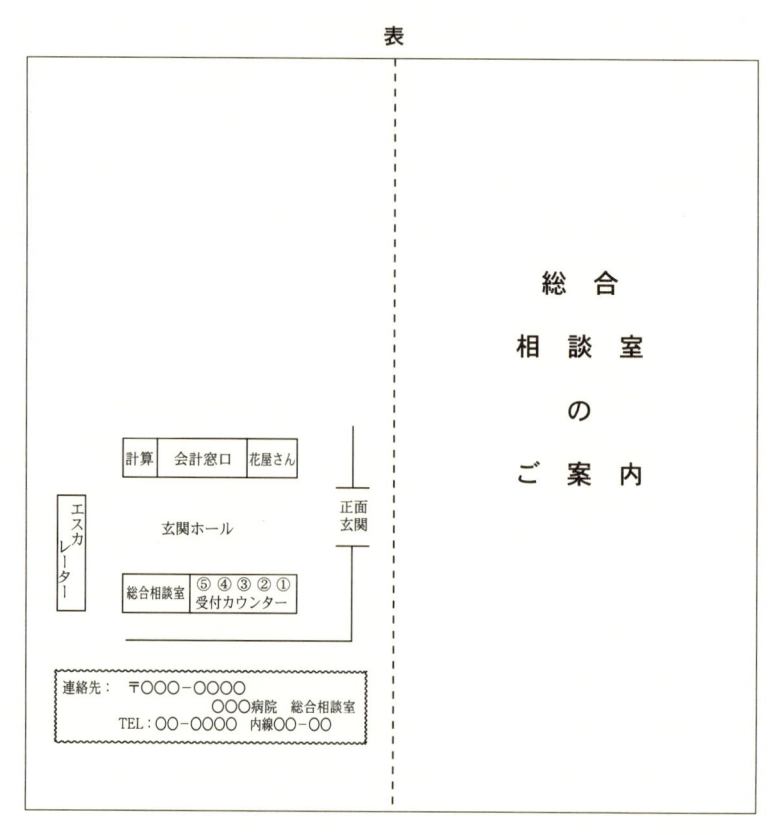

総合相談室のご案内

| 計算 | 会計窓口 | 花屋さん |

玄関ホール

正面玄関

エスカレーター

総合相談室
受付カウンター ⑤ ④ ③ ② ①

連絡先：〒〇〇〇-〇〇〇〇
　　　　〇〇〇病院　総合相談室
　　　　TEL：〇〇-〇〇〇〇　内線〇〇-〇〇

図10・1

す。

▶ パンフレットの意図が，うまく読者に伝わっているかどうかの反応を確かめるのはむずかしいものです。それだけに，作成終了後も検討を重ねる姿勢が大切です。

▶ 広報活動のプロセス自体が，院内スタッフに対する「広報」になります。プロセスが院内スタッフに受け入れられるものでなくては逆効果となることもあります。ソーシャルワーカーが独断で動いてはいないか，つねに注意が必要です。

裏

☆こんな時、総合相談室をご利用下さい。

 ＊突然の病気や怪我で、何から手をつけていいのかわからない。
 ＊医療費や生活費等の心配がある。
 ＊病気や障害を抱えながらの仕事や学校、家庭生活に不安がある。
 ＊退院と言われたが、退院後の介護や生活のことが心配である。
 ＊年金・医療保険・福祉サービスのことを知りたい。
 ＊利用できる病院や施設を紹介して欲しい。
 ＊その他、誰に相談してよいかわからない。

　　　　　　　　　　　　　　　　　　　　　　　　　　　など

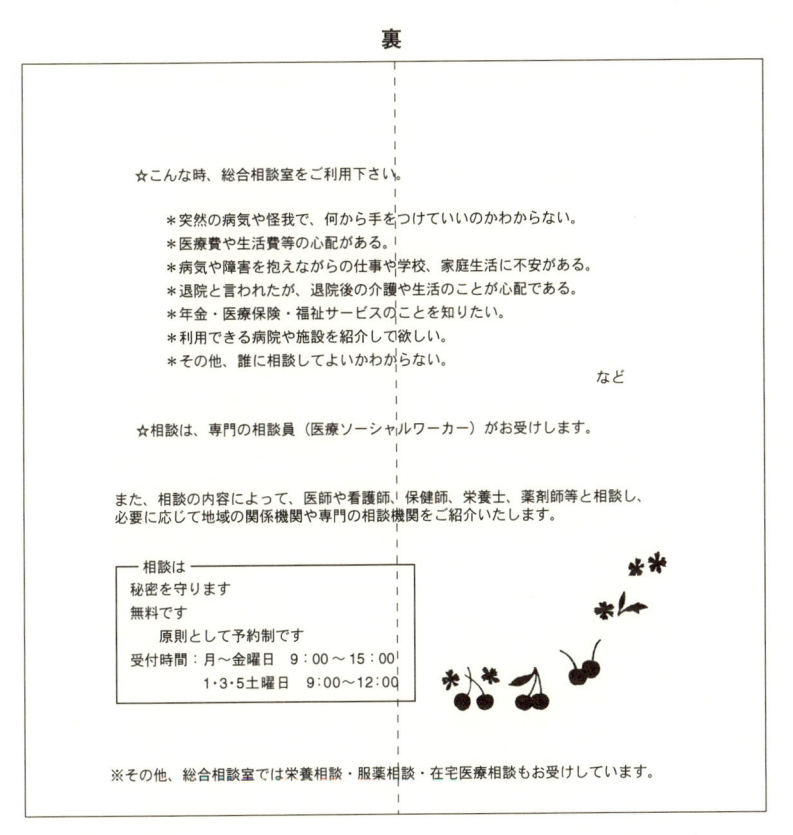

☆相談は、専門の相談員（医療ソーシャルワーカー）がお受けします。

また、相談の内容によって、医師や看護師、保健師、栄養士、薬剤師等と相談し、必要に応じて地域の関係機関や専門の相談機関をご紹介いたします。

```
┌─ 相談は ──────────────┐
│ 秘密を守ります              │
│ 無料です                   │
│   原則として予約制です       │
│ 受付時間：月〜金曜日 9:00〜15:00 │
│        1・3・5土曜日 9:00〜12:00 │
└──────────────────────┘
```

※その他、総合相談室では栄養相談・服薬相談・在宅医療相談もお受けしています。

パンフレット例

2. 広報用掲示板やポスターの設置

　病院内の各病棟や外来待合室などに、ソーシャルワーカーの存在や利用の仕方などを表示した広報用掲示板やポスターを設置することです。パンフレットと比較して、待ち時間や通りすがりに目にすることができるというメリットがあります。また患者や家族だけではなく、院内スタッフの目にも触れる機会が多いため、PR効果は高いものです。

> **ソーシャルワーク部門以外のパンフレット作成を要請される場合**
>
> 　所属機関の「病院案内」や「脳卒中になったときに」など、病院のパンフレット作成を要請されることがあります。ソーシャルワーカーは、地域の状況や患者・家族に必要な情報を把握している立場にあるので、作成する意義はおおいにあるといえます。日常業務や調査などをとおして、地域や患者・家族がどのような情報を求めているのか、所属機関をどのようにとらえているかを意識することは重要です。
>
> 　ソーシャルワーカーに要請した理由を依頼者に確認した上で、引き受けることが適切かどうかどうかを決定します。もし、他専門職の領域を侵犯する可能性があるようならば、その担当部門に指導をあおぎ、ソーシャルワーカーはたとえば、患者・家族のニーズを伝えるといった立場から"協力する"などといった代替案を提示することも考えます。
>
> 　作成を引き受ける場合でも、パンフレット作成を要請した理由を確認することは、ソーシャルワーカーのかかわり方を考える参考になりますし、依頼者がソーシャルワーカーをどのようにとらえているかを理解することにもつながります。
>
> 　作成に当たっては、依頼されたパンフレットのテーマに関連する専門職・部門のヒアリングを行なうとともに、場合によっては、パンフレット作成のためのチームを組むことも検討します。その後の手順については、パンフレット作成と同様です。

手順はパンフレットの作成と同様です。

アドバイス

▶ポスターは、所属している各県の医療社会事業協会が作成しているものがあれば、独自のものを作らなくてもよいでしょう。

3．見学者へのオリエンテーション

所属機関の見学者に対し、所属機関やソーシャルワーカーの業務内容を紹

介することをさします。①ソーシャルワーカーがコーディネートする見学のオリエンテーション，②見学プログラムの一部としてソーシャルワーク部門を紹介するオリエンテーションがあります。ここでは，それぞれに分けて手順を示します。

手　順

1）ソーシャルワーカーがコーディネートする見学のオリエンテーション

① 見学希望者と打ち合わせをする。
　（ア）見学者の属性（学生／関係機関／地域住民／ソーシャルワーカー／その他）・人数を確認する。
　（イ）見学の目的・見学プログラムや所要時間に関する希望を確認する。
② 上司の許可を得る。
　　ソーシャルワーカーが許可を得ず，独断で部外者に院内を見学させることは，医療機関のルールに違反する行為です。見学者を受け入れる必要性を説明し，認められた場合は所定の手続きをふむようにします。
　　とくに，地域住民の見学の場合は機関として受け入れるのが理にかなっています。たとえ，引き続きソーシャルワーカーが調整するのであってもまず許可を得ます。許可を得ることによって，機関を代表して調整しているというソーシャルワーカーの立場も認知されます。
③ 院内の他部門と打ち合わせを行なう。
　　院内他部門の見学・説明が必要な場合には，事前にその部門に見学目的を伝え，協力を依頼します。
④ 資料を準備する。
　　見学目的に照らして，伝えるべきことをまとめます。また，所属機関・ソーシャルワーカー部門の基礎資料，目的に応じた諸資料を準備します。

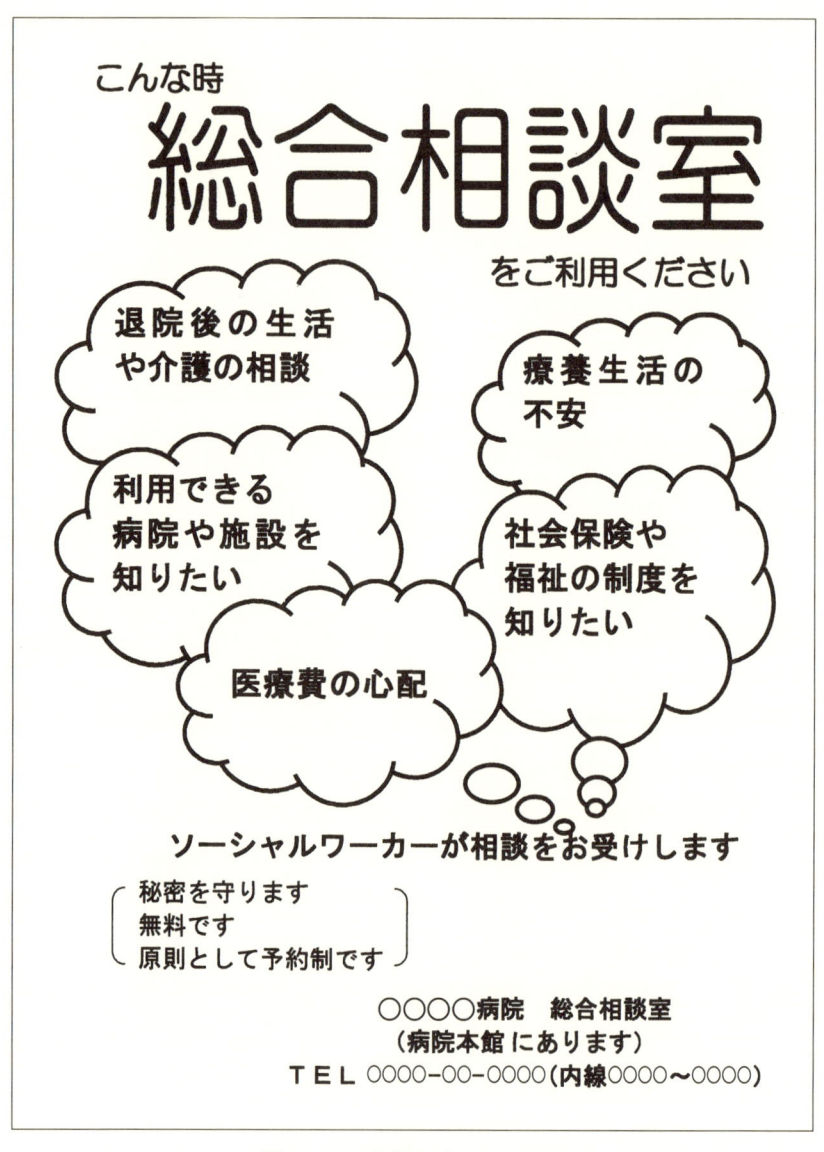

図10・2　広報用ポスターの例

⑤　オリエンテーションを行なう。

　　オリエンテーションの冒頭で見学者に改めて見学目的を確認します。このことで目的を共有でき，その後の説明を効果的に行なえるようになります。見学者が，具体的に所属機関・ソーシャルワーカー部門の役割・機能をイメージできる方法を工夫します。たとえば，スタッフルームや面接室の案内，使用している書式の紹介などの方法があります。

　　とくに，地域住民の見学の場合は，実際に利用するさいに困惑しないようかならず「利用の仕方」を説明のなかに組み込むようにします。

⑥　病院内見学

　　病院内の見学のさいには，入院患者のプライバシーを侵害しないよう十分注意します。たとえば，病室の案内は入院患者のいない部屋にする，などです。

　　見学の最後には質疑応答の機会を十分に用意します。この時間が双方の理解を深めるのに効果を持ちます。

2) 見学プログラムの一部として実施するソーシャルワーク部門のオリエンテーション

①　見学者の属性・見学目的を確認する。
②　ソーシャルワーク部門を見学に組み込んだ意図を確認する。
　　見学全体のなかでどのような位置づけか理解した上で，説明の内容を検討するとよいでしょう。
③　ソーシャルワーク部門に関して，見学目的に応じた資料を準備する。

アドバイス

▶関係機関に対する「広報」は，機関間ネットワーキングの糸口でもあることを念頭に入れておきます。

▶「広報」を効果的に行なうためには，まず自分自身を知らなくてはなりません。そのために，地域での所属機関やソーシャルワーク部門の役割・

機能・使命を明確にしておく必要があります。また，ふだんから月報や年報など業務内容の整理を行なっておくことが大切です。月報，年報，ソーシャルワーク部門紹介のための簡単なパンフレットなどはつねに準備しておくとよいでしょう（「日報・月報・年報の作成」165頁参照）。
▶見学者の意見は病院改善の参考になります。十分に耳を傾け，病院に対する改善の働きかけのきっかけとするとよいでしょう。

4．院内スタッフへのオリエンテーション

病院の新入職員研修等の一環としてソーシャルワーク部門のオリエンテーションや，新たに関係ができ始めた部署に対する当部門への理解を深めるために行なうオリエンテーションをさします。

手　順

① コーディネート担当者と打ち合わせを行なう。
　　（イ）オリエンテーションの目的・対象職種・人数・時間配分を確認する。
　　（ロ）オリエンテーションを行なうことになった経緯・動機を確認する（毎回行なう必要はありません）。
② 準備を行なう。
　　事前に説明の概要をきめ，資料を準備します。所属機関におけるソーシャルワーカーの立場や機関における存在意義をどのように説明するかについて検討します。また，同じソーシャルワーク部門であっても，対象職種によってオリエンテーションで伝えておくべき内容は異なります。その職種になにを伝えておくべきか，ソーシャルワーカーが主体的に検討することが必要です。
③ オリエンテーション

理解しやすい説明を心がけます。ソーシャルワークの専門用語は使用しないよう注意します。たとえば，社会資源，インテークなど，ソーシャルワーカーが日頃ふつうに使用している用語も，他職種にとってはイメージがわきにくく，理解の妨げになります。

また，その職種とのかかわり方を明確にするよう意識します。典型的な事例を利用し，ソーシャルワーカーを利用することで，対象職種がより有効に機能できるということを伝えるようにします。けっして独り善がりの説明にならないよう注意します。「ソーシャルワーカーがこんなにがんばってうまくいった」と訴えたい欲求にかられがちですが，このような訴え方は相手の立場を無視しているがゆえに，パートナーシップの育成の面からはマイナスとなるものです。対象職種の立場や大変さに理解・共感し，その上でソーシャルワーカーの立場・役割を紹介するように心がけることが大切です。

オリエンテーションの最後には，質疑応答の時間を設けます。また，感想を聞くと，オリエンテーションの対象者がソーシャルワーカーに対してどのような印象を持ったのかを明確にでき，その後のかかわり方の戦略を立てることができます。

アドバイス

▶オリエンテーションを行なうと，業務内容とともにソーシャルワーカーの人となりを知ってもらえ，病棟などで気軽に声をかけられたり，患者に関する情報交換や協議がしやすい関係になれます。

▶病院内でのソーシャルワーカーに対する理解度は，まだまだ低いのが現状です。このことを改善していくためにも，ソーシャルワーク部門がオリエンテーションに組み込まれるよう働きかけを行なうことが必要です。

▶オリエンテーションという場だけではなく，院内スタッフに対しては，あらゆる機会をとらえて,「このようにソーシャルワーカーを活用しても

らいたい」「そういう場合はぜひ参加させてください」といったように，PRし続けることが大切です。

**ソーシャルワーク依頼票をソーシャルワーカーの
PR手段として活用する**

ある病院に専任ソーシャルワーカーが着任したとき，「転院依頼」ケースが多いことに驚きました。医師は，ソーシャルワーカーに対して"転院をスムースに行なってもらえばいい"という役割しか期待していないようでした。そこで，そのソーシャルワーカーは医師をはじめスタッフにソーシャルワーカーのできることを説明する一方，「ソーシャルワーカーはこのような相談に応じることができます」というPRの目的を持たせた依頼票を作成し，外来診察室，病棟に常備するようにしました（巻末資料H，203頁参照）。

「ソーシャルワーカーの業務に理解がない」と嘆く声はよく聞かれますが，どのように理解を得ていくかについてはさまざまな工夫をすることができます。ソーシャルワーカーへの依頼は，専用の依頼票ではなく，医師が用いる「他科受診依頼票」を用いている病院もあります。しかし，「ソーシャルワーカーはこのような相談に応じることができる」ということをPRするためにも，専用の依頼票を作成することは有効なものです。

5．講　　演

関係機関や地域の要請に基づき，一般市民や職能団体，患者会などを対象に，所属機関やソーシャルワーク部門の機能，ソーシャルワーカーの視点，地域にある社会資源などについて紹介することをさします。

手　順

① 企画者と打ち合わせをする。

(イ) 企画の意図・ソーシャルワーカーが担当する部分が企画全体のなかでどのような位置づけかを理解する。
(ロ) 講演のおもな対象者がどのような人か，どんな関心を持って講演を聞きにくるのかを理解する。たとえば，市民大学講座であれば，一般的な知識の習得，患者会であれば自分自身がすぐに活用できる具体的な援助や資源など，対象によって，関心は異なります。
(ハ) 講演を依頼することになった経緯を確認する。
(ニ) 討議をとおして，企画者が考える講演の趣旨を把握し，テーマを深める。
② 所属機関の了解を得る。

ソーシャルワーカー個人として（たとえば，職能団体の一員として）講演を依頼される場合がありますが，そのような講演のために勤務時間を費やすことは，所属機関にとっては望むことではないかもしれません。ソーシャルワーカーが講演することが，所属機関にどのように受け止められているか（機関の宣伝になるので奨励している，あるいは反対に「本業をおろそかにしている」とひんしゅくを買っている，など）を理解しておくことが必要です。講演を行なうことが，機関にとってどのようなメリットがあるのかを説明し，理解を得ることも必要です。場合によっては，有給休暇など私的時間を使用することも考慮しなければなりません。
③ 講演の事前準備をする。

原稿・レジュメ・資料を準備します。講演時間が長い場合は，話題をいくつかの節に分けた上で，節ごとにかける時間を設定します。また，予演会を行ないます。予演会では，時間配分は適切か，話の流れは自然でわかりやすいか，話すスピードは適切か，レジュメの項目は話の内容と合致しているか，などをチェックします。

④ 講演する。

　専門用語を多用すると理解の妨げになります。講演対象者がふだん聞きなれていることばを使用します。そして，最後に質疑応答の時間を設け，聴衆の反応を確かめることが大切です。

アドバイス

▶まだまだソーシャルワーカーの専門性に対する認知は低いので，このような機会を積極的にとらえて，PRすることは大切です。

▶その機関，その職種を代表しているということの自覚を持つことが必要です。

11章 業務管理

ここでいう業務管理とは，自分の所属している機関およびソーシャルワーク部門の質や能率の向上などのために行なわれるものです。

ソーシャルワーカーは，一人や二人の職場が多かったこと，独立部門として位置づけられることが少なかったことなどから，「部門」としてとうぜん必要とされる「業務の管理」に関して曖昧にしてきた向きも多かったと思います。

しかし，ソーシャルワーカー個人としてではなく，機関の責任において行なっている業務であることを自覚することが必要です。したがって機関の維持・発展・改善と，ソーシャルワーク部門の維持・改善の両方の視点から，業務管理は一人職場であっても日常的に行なわなければならない業務なのです。

目 的

① ソーシャルワーク部門の継続性と地位を確保し，利用者に対し効果的な援助ができるようにするとともに，業務が円滑に行なえるように部門の環境を整備する。

② 機関の目的や機能，ソーシャルワーク部門の目的や機能を部署内外のスタッフに，より効果的に反映させる。

③ ソーシャルワーク業務の質を確保する。

④ ソーシャルワーカー間の意志を統一する。

> **方　法**

① ケース台帳（ケース原簿）の作成
② 日報・月報・年報の作成
③ 会議
④ 折衝
⑤ 部内会議・簡単なミーティング

1. ケース台帳（ケース原簿）の作成

　ケース台帳とは，ソーシャルワーク部門における利用者の総リストです。したがって，クライエントに対するソーシャルワーク・サービスの継続性・永続性を持たせる上で大切なことがらであるばかりでなく，部門としてのサービスの継続性・永続性のためにも，ケース台帳を作成することは必要なことです。

　ソーシャルワーカーが援助したクライエントについてその総リストを作成しているということは，ソーシャルワーカーの援助が，ソーシャルワーカー個人として行なわれているのではなく，その機関として行なわれているということの証明であり，機関としての責務です。またケース台帳は，統計の基礎資料ともなるものです。

　「ケース台帳の作成」目的は，以前来院したクライエントの情報を管理し，サービスの継続性，永続性への責任を果たすことにあります。

> **手　順**

① ケース台帳の番号は抜け落ちのチェック可能で，年度集計がしやすい通し番号とする。カルテ番号，受理・終結年月日も記載する。
② 検索しやすいように「50音順の氏名」や「カルテ番号」を索引として用意する。

No.	開始日	カルテ番号	氏　名	性	住　所	依頼者・来談者	主訴・援助内容	科	診断名

図11・1　ケース台帳様式例：大学ノート（見開き）を用いた一般的な台帳

③　コンピュータ管理が可能な職場では，コンピュータ管理とする。

アドバイス

▶作成時に，他の機関のケース台帳を収集し参考にすることは大切です。
▶ケース台帳には，濡れても消えないボールペンで記入するようにします。
▶コンピュータ管理の場合は，かならずバックアップをとるようにします。

2．日報・月報・年報の作成

　日報・月報・年報は，ソーシャルワーカーの1日，1ヵ月，1年ごとに活動内容（種類や量）をまとめ，機関に報告するためのものです。
　業務の報告とするためだけではなく，業務を自分で分析するときや，他部署に業務内容の理解を求めたり，人員要求など折衝のさいに必要となる基礎

データです。すべての業務管理の基礎となるものなので，かならず行なわなければならない仕事です。

電子カルテを導入している機関や，業務統計処理がコンピュータ化されている機関では，日報・月報・年報作成は，作業としては容易なものとなります。

所属する機関によってソーシャルワーカーが行なっている業務は多様ですが，業務統計の取り方は全国的に統一することが必要です。ばらばらな基準で統計を取ると，他機関との比較ができないため，対外的な認知を得るための妨げになるものです。(社)日本医療社会事業協会では，統計基準の統一化の取り組みをはじめたところです。

目 的

ソーシャルワーカーの上司や管理部門に，業務を報告するための資料とする。

手 順

① 書式を作る。

　ソーシャルワーカー以外のスタッフが見てすぐに内容と業務量が理解できるような様式とします（ただし，プライバシーには留意すること）。

　書式の作成に当たっては，他の機関の書式を取り寄せ，どのような書式が業務の実態を表すのに適切か参考にするとよいでしょう。ただし，他機関の書式を実際に取り入れる場合には，かならず相手に了解を求めるのは礼儀です。(社)日本医療社会事業協会では，2003年に日報様式例を作成しましたので，その様式を利用してもよいでしょう（巻末資料Ⅰ，204頁参照）。

② 日報には，患者や家族との援助内容等の直接援助だけでなく，文書整理や会議・カンファレンス・回診などの関連業務についても記載する。

　その他，外出した場合は訪問先と用件，来訪者があった場合は，所属

と氏名を記載し一日の業務がわかるようにします。また，有給休暇などの勤務状況についても記載できるようにしておくと便利です。有給休暇を取って学会などに出席した場合，そのことを記載することも良いことです。
③　上司と回覧先を選定する。
④　月報は日報を集計したものであるが，たんに数字の羅列ではなく，その月の特徴点や簡単な業務報告も記載するとよい。
⑤　年報には，業務の増減のようすや傾向の変化など過去との比較も盛り込み，分析も記載する。
⑥　年報には，数値データの他に業務報告・業務計画など文章で簡潔にまとめたものを含めてもよい。

アドバイス
▶月報・年報は，日報を基礎とした数字を使用し誰が見ても理解できるように，また関心を持って読んでもらえるような紙面作りを工夫することが大切です。
▶回覧先には，所属長だけでなくソーシャルワーク活動に関係する部署(たとえば，院長・看護部長・事務長・医局長・医事課長など)を加えるようにします。
▶年報の回覧の方法として，ソーシャルワーカーが持参し，説明を加えるといったやり方も，業務への理解を深めてもらう手段として効果的です。
▶「日報」「月報」「年報」は，忙しいとケース記録同様，おろそかになりやすいものです。しかし，日常の業務をまとめて記録に残し報告するという行為は，組織人としての責務です。とくに，人員要求・面接室の確保など，部門を充実拡大するときに過去のデータがかならず必要となります。「データなくして折衝はできない」ということを職業人として肝に銘じておいて欲しいものです。

3. 会　　議

ここでいう会議とは，機関内における各部門からなる代表者（役職者）会議をさします。

目 的

機関の維持と発展をはかるために，必要事項の報告(伝達)・協議・決定を行なうことです。

ソーシャルワーカーは，少数であり，また所属部門もさまざまなため，一つの部門として院内の会議に出席できるようになるまでは，大変な労力を必要とすることが多いものです。したがって，参加できるようになるということは，機関内でソーシャルワーカーの存在が認知されたということです。

会議では，機関の方針，直面している問題などを知ることができ，ソーシャルワーカーもその参加者として発言の機会が得られます。この場合は，ソーシャルワーク部門の目的達成の有効な手段として，会議を利用することができます。そのためには，日常の業務を簡潔かつ効率的に他部署に報告できるよう，部内の意見や業務内容をまとめておくことが大切です。

さらに，会議の席上，思わぬ質問がソーシャルワーカーに投げかけられることもあるので(その地域の寝たきり老人の数や，介護保険施設の現状など)，日常的に知識を深めておくことも必要となってくるでしょう。

手 順

① 機関や他部署の業務内容を正確に把握できるようにつとめる。
② ソーシャルワーク・サービスが，機関でどのように位置づけられているか，また自分は機関でどのような業務を発展させるのかを検討する。
③ 他部署からのソーシャルワーク部門，ソーシャルワーカーという職種，ソーシャルワーカー個人への役割期待を把握する。

④　議事録をかならず取り，まとめておく。

アドバイス

▶機関の目的と役割，ソーシャルワークの使命や価値に照らし合わせる作業を怠らないことが大切です。どちらか一方のみを優先する考え方は，機関にとってもソーシャルワーカーにとってもバランスを失い，良い結果を得られないでしょう。

▶まだ会議に出席できない場合，組織内に協力者・理解者を得ることからはじめます。

会議にすでに出席している場合とまだ出席できない場合

〔すでに出席している〕
① 独り善がりにならず，相手の業務の尊重と立場を認めた上で発言することが大切です。
② 部署間と，個人の利害関係，また公私の感情を無視しないように注意する必要があります。
③ 発言は，感情的にならず誰が聞いてもわかるように簡潔明瞭に述べます。
④ 会議のメンバー間のダイナミクスを読むことも必要です。
⑤ 座る場所がきめられていない場合には，自分がどこに座るのが効果的か，座る位置を考えるようにします。

〔まだ出席していない〕
① 日々の業務を口頭ではなく文書でまとめ，さらに自分の意見を簡潔かつわかりやすく記載したものを，上司をはじめソーシャルワーク部門に関係する部署に回覧するようにします。
② 求められたときや必要時にすぐに文書を提出できるように，内部的にデータをいつも整理しておく習慣をつけておくことが大切です。
③ 組織でのソーシャルワーク部門の位置づけと，ソーシャルワーカー側の認識を検討しながら，他部署と連携をはかりさらなる協力者・理解者を得ていくようにします。

4. 折　衝

ここでの「折衝」は「業務管理の一方法としての折衝」であるため，機関に対してソーシャルワーカーの立場から，クライエントに必要な環境整備について要求するときなどの行為や上司や管理者に向けて，人員要求，相談室の確保，また学会参加など，ソーシャルワーカー業務拡充にかかわる要求のための行為をさします。体制的な行動はつつしみ，ある程度の勝算を見込むことは重要です。

手　順

① 折衝する目的について，「なぜ」「いつまでに」必要なことなのか，またその結果どのような「効果」があるのか整理をする。
② 「なぜ必要なのか」を明確に示すようデータを整理し，感情的にならずに，わかりやすく説明する必要があります。
③ 折衝相手の業務状況を勘案して，折衝の予約を取る。
　　忙しい時間に折衝を行なうことは，相手の気分を害し要求が通らないだけではなく，今までに積み重ねてきた信頼関係や業績まで，マイナスの波及が生じる恐れがあるので注意する必要があります。
④ なるべく文書で上申し要点を説明する。
⑤ 結果も文書として記録を残す。

増員要求

資料は，ある病院で増員要求をするさいに提出した文書です。原文は他の同規模の病院のソーシャルワーカー数や，ソーシャルワーカー一人当たりの病床数，ソーシャルワーカー一人当たりの新ケース数なども加えたかなり膨大な資料です。ここに紹介しているものは筆者が一部削除の上，多少の修正

を加えたものです。

　このようにさまざまな要因を説明して理解を求める方法もありますが，あまり説明文が多いと読む方の負担となる場合がありますので，図表を多用して視覚的に訴えたり，さらには典型的なケースを紹介したりと，さまざまな工夫をするとよいでしょう．

平成 15 年○月○日

院長　　○○△△　殿

　　　　　　　　　　　　　　　　　　　ソーシャルワーカー室長　　○○××

　　　　　　　　　　ソーシャルワーカー増員について（お願い）

　当院ソーシャルワーク室では，平成 7 年の業務開始，院内外の皆様のニーズにお応えしながら順調に業務が拡大してまいりました．
　SW の取り扱いケース数は，別紙資料の通り年々増加の一途を辿っており，とくに最近 3 年間の伸び率は顕著なものとなっております．このため，患者様やご家族からの自発的なご相談や，診療現場からの依頼に早急に対応することが困難な場合も増えてきており，その不利益は患者様や各診療科，病棟，さらには地域の関係諸機関にもおよんでいます．
　当院が地域中核病院として患者様やそのご家族，さらには地域関係諸機関から真に信頼を得てゆくためには，現状のソーシャルワーカー数では業務遂行は不可能と考えます．
　つきましては，別紙の関係資料もご覧頂き，増員のご検討を頂きたくお願い申し上げます．

　　　　　　　　　　　　　　　　　　　　　　　　　　　　　　　　　以　上

図 11・2　増員要求書

関係資料

1. 当院ソーシャルワーカー室における年間取り扱いケース数の推移
　当院ソーシャルワーカー室における年間取り扱いケース数の推移は、下のグラフに示すとおり年々増加の一途をたどっている。

2. ソーシャルワーカーの増員が必要とされる要因
　当院のソーシャルワーク業務の増加要因は、主として以下3点があげられよう。
　① 圧倒的な高齢患者様の多さ
　② リハビリテーション科専門病棟の存在
　③ 多数のカンファレンス（他科および他職種間、地域関係機関）への参加要請

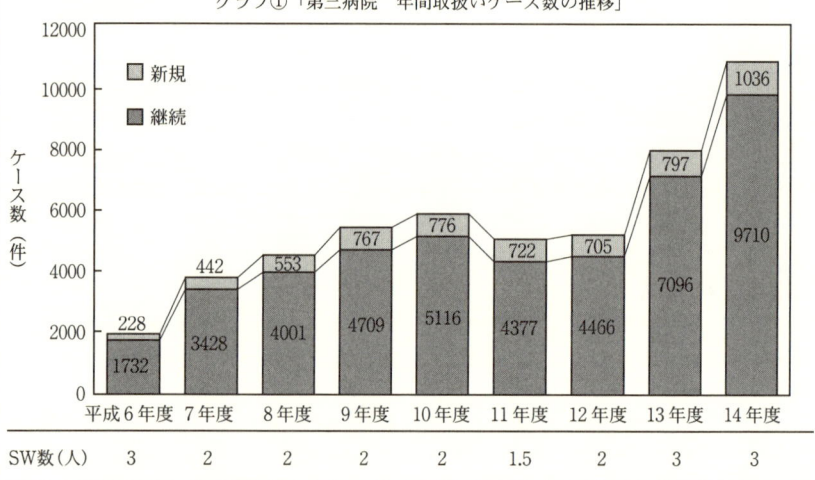

グラフ①「第三病院　年間取扱いケース数の推移」

年度	平成6年度	7年度	8年度	9年度	10年度	11年度	12年度	13年度	14年度
新規	228	442	553	767	776	722	705	797	1036
継続	1732	3428	4001	4709	5116	4377	4466	7096	9710
SW数（人）	3	2	2	2	2	1.5	2	3	3

① 圧倒的な高齢患者様の多さ
　入院患者様中65歳以上の高齢者が占める割合は、半数近くに達し、その割合は年々増加している。ソーシャルリスクファクターの多くは高齢者、身体障害者、低所得者等であることを考えると、当院には必然的にソーシャルワーク援助のニーズを兼ね備えた患者様が多数存在していると考えられる。

高齢患者様のケースでは，入院時から退院後までの長期的かつ連続的な継続支援が必要とされ，また在宅調整や転院先打診，経済的な援助等々の生活に密着した非常に綿密できめ細かい援助を必要とする。また，高齢患者様のご家族もまたご高齢であることが多く，退院調整をするための様々な細かい制度の理解を得るためには時間がかかることも多い。従ってソーシャルワーカーは，そうしたご家族のペースに合わせて時間をかけてお話をお聞きし，患者様やご家族の理解度に合わせた丁寧な説明をしながら共に細かい諸調整をしてゆくため，援助に多くの時間と手間がかかるのである。

② リハビリテーション科専門病棟の存在
　当院病院ではリハビリテーション科からの長年に渡る要請を受け，平成13年8月よりリハビリテーション科全入院患者様に対する入院時からのソーシャルワーカーの介入及び完全担当制を開始した。このシステムは，患者様やそのご家族はもちろん院内他職種からも好評を得ており，さらに平成15年1月に行われた病院機能評価においてもサーベイヤーより高い評価を頂いた。リハビリテーション科に入院される患者様はトータルなソーシャルリスクが高く，また平成12年度からの介護保険制度導入によって早期からの退院準備が要請されるように様変わりしたため，ソーシャルワーカーの早期アプローチは欠かせない状況である。
　このため急性期及び回復期リハビリ病棟を有する病院の多くは，ソーシャルワーカーの配置に重点を置いている（代表例：Aリハビリテーション病院SW9名／173床，Bリハビリテーション病院SW6名／165床，C病院SW5名／135床，など）。
　リハビリテーション科のケースを援助する上で，他職種や地域関係諸機関との綿密な情報交換やコンサルテーション，さらには患者様の訓練場面への見学同行等は欠かせないものであり，長期間に渡るきめ細かい援助が必要とされる。また，突然障害を負った患者様ご本人やそのご家族の心理的サポートをすることもソーシャルワーカーに求められる重要な役割の一つであり，頻回な継続面談が不可欠である。

③ 多数のカンファレンス（他科および他職種間，地域関係機関）への参加要請
　現在，ソーシャルワーカーが参加している定例カンファレンスは以下のとおり。
　　・脳神経外科／リハビリテーション科合同カンファレンス（毎週月曜日）
　　・神経内科／リハビリテーション科合同カンファレンス（毎週月曜日）

- リハビリテーション科合同カンファレンス（毎週火曜日）
- リハビリテーション科ミニカンファレンス（毎週火曜日）

　以上の他にも，地域患者様の退院援助にかかわることが非常に多いため，訪問看護ステーションとの退院時共同指導や，地域のケアマネジャーとの退院前合同打ち合わせ等，ソーシャルワーカーの参加が必要とされるカンファレンスが非常に多いのが特徴的である。さらに，参加者の時間調整やリハビリテーション総合実施計画書や入院時・退院時カンファレンス資料等の書類作成に多くの時間を必要とされる現状がある。

以上

アドバイス

▶ 根回し（協力者の確保）も必要となることもあります。折衝の内容によっては，関連する部署へ前もって打診することも大切です。たとえば人員要求などは，直属の上司だけでなく医師や看護師長に前もって相談し，協力を得られるようにすると良いでしょう。

▶ 日頃から，まわりから支持が得られるような「仕事ぶり」であることが大前提です。

▶ 上司や医師，看護師長のルーティンワークを把握しておくことが必要です。場合によっては，業務時間内は忙しいため，時間外に折衝を行なった方が，時間的ゆとりがあり意見が通ることもあります。業務時間の内外を問わず，相手の立場を考えないで折衝を行なうことは，内容が通らないばかりでなく，社会人としての適性をも問われることになるので，注意が必要です。

▶ 人員要求や面接室の確保などのときは，口頭だけでなく，整理されたデータを添付した文書を提出するようにします。折衝をする上で大切なことは，なぜそのことが必要なのかといった理由の妥当性と説得力です。

5. 部内会議・簡単なミーティング

目 的

仕事内容の役割分担や，個々が持っているケースの紹介や相談，社会資源等の情報の共有化などを行なって，部内全体の業務に対する意思統一をすることです。

ソーシャルワーカーが，個人としてクライエントの援助を行なっているのではなく，組織としてクライエントへの責任を負っていることの証としても，お互いに担当しているケースについて情報を共有しておくことが必要です。情報の共有化によって，担当ソーシャルワーカーの不在時でも，医師や看護師からの問い合わせに対応したり，クライエントに対する責任を果たすことができるようになります。

また，ソーシャルワーカーの力量など援助者側の問題で，利用者に不利益を与えないためにも，日常的に行なわなければならないことです。

手 順

① 日時をきめ定期的に行なう。
② 議題・課題を明確にして行なう。
③ ケース紹介は日報を資料として用いる。
④ 必要に応じて議事録をとり，ファイルする。

アドバイス

▶上司・部下の関係があるときは，指示・報告の関係であることを忘れてはいけません。
▶会議・ミーティング中は，他の業務を入れないようにします。
▶ソーシャルワーカーの人数が少ないため，部内のミーティングが日常的に行なわれないむきもありますが，ソーシャルワーカーの会議やミーテ

ィングも，他部門と同様の目的で実施される必要があります。

12章 ソーシャルワーク業務の開発

　所属機関に働きかけて新たな業務を手がけたり，ソーシャルワーク業務を円滑に行なうためのシステムを作り上げる業務をいいます。

　たとえば，ソーシャルワーク・ニードを持つ患者がきちんとソーシャルワーカーに出会えていないとしたら，機関におけるソーシャルワーク部門の効果は低いといわざるを得ません。来談した患者への援助を的確に行なうのと同時に，来談に至っていない要支援・要援助患者をなくす仕組みづくりは機関に所属するソーシャルワーカーに不可欠な業務です。

　医療ソーシャルワーカー業務指針(巻末資料A，187頁参照)にあるとおり，ソーシャルワーカーが医療機関で行なうべき業務は多岐にわたっています。疾病や障害を受けることにより，患者は多くの心理・社会的課題を抱えます。ソーシャルワーカーは所属機関の患者が抱えるであろう心理・社会的課題を理解しておく必要があります。そうでないと，所属機関から期待された役割のみを果たしてそれでよしと考えるようになります。たとえば，近年，退院援助のためにソーシャルワーカーを採用する医療機関は多いのですが，患者には退院に関する課題以外にもさまざまなニードがあるということをソーシャルワーカー自身が認識していないと，たんなる"退院促進係"となってしまいます。

　所属する機関にソーシャルワーク部門は一つしかないことを肝に銘じ，つねに「その機関にかかわる患者・家族に必要な援助は何か」という点に関心を持ちます。潜在的なソーシャルワーク・ニードを汲み上げ，所属機関に働

きかけ，新たな業務を築き上げていくことはソーシャルワーカーの責務なのです。

目　的
① より効果的にソーシャルワーク業務を展開できる体制を作る。
② 所属機関の患者のソーシャルワーク・ニーズに的確に応じられるようにする。

方　法
① ソーシャルワーク業務の開発
② 心理・社会的課題を持つ患者のスクリーニング・システムの開発

1. ソーシャルワーク業務の開発

ソーシャルワーク業務は，他スタッフに十分に理解されているとはかぎりません。ソーシャルワーカー自身が，患者の抱えるニーズに敏感になり，新たな相談業務・その他の業務を開発していくことが必要となります。

手　順

① 所属機関にどのような潜在的なソーシャルワーク・ニーズがあるかを確認する。

業務の開発は，ソーシャルワーカーの個人的な関心からではなく，あくまでも，患者のニーズに応じて行なわれるものです。学会・研修会等を活用し，患者の抱えるニーズに関する感性を磨いておく必要があります。たとえば，後遺障害を伴う疾患（脳卒中・脊髄損傷・頭部外傷・四肢切断・血液透析），療養が長期にわたる疾患（難病・悪性腫瘍），経済的負担が大きい治療，社会的なハンディを負いやすい疾患（HIV陽性者・AIDS患者），人工授精治療，オーバーステイ外国人，ホームレス，自殺企図者など。そして，どのような患者が所属機関にいて，どのよう

なニーズを抱えているかを分析します。
② 課題にかかわる他スタッフのニードを確認する。
　業務開発にさいして，他スタッフと信頼関係を形成していくという観点を持つことは重要です。ソーシャルワーカーは病院のなかでは新しい職種に属しますし，他の専門職と業務内容が重複する部分もあります。ですから，場合によっては他スタッフから「ソーシャルワーカーは自分たちの職務領域を侵食するのではないか」と警戒されるかもしれません。
　まずは，他スタッフがどの程度問題と考えているか，対応に苦慮しているかを確認します。他スタッフがその課題に対応しているのであれば，その事実を尊重します。もし，どうしたらよいかわからず「困っている」ようであれば，ソーシャルワーカーがかかわることでできることを申し出ます。
③ ソーシャルワーカーが認めるニードに対して他スタッフの理解を促す。
　②のような状況がある一方で，ソーシャルワーカーが患者の持つニードを認めても他スタッフがそれを認識していない場合もあります。この場合はケースをとおして理解を促すことが有効です。患者にニードがあること，そのニードにソーシャルワーカーは効果的に対応できること，その結果，患者の生活の質が向上したり，治療がスムースに進むことなどをケースを通じて伝えていきます。その上で，同様のニーズを持つ患者がいる場合には紹介してほしい旨依頼します。
④ 援助のシステム化を検討する。
　個々のクライエントへの援助が軌道に乗ってきた段階で，援助システムの構築について検討します。個々のケースの分析のなかから共通するニードを抽出し，それに的確に応じることのできる体制づくりを検討します。そのさい，関係機関，院内スタッフとの協働体制をどのように構築するかは大きな課題となります。

事例12は「退院援助」に関して包括的な取り組みを行ない，新たなシステムを構築した例です。ソーシャルワーカーが主体的・積極的に取り組むことで，患者・家族にメリットがあり，機関のニーズにも応えた効果的なシステムを作りあげた好例といえます。

〈事例12〉 患者・家族へのプレッシャーを強化することなく転院援助の効率を上げるためのシステムを作った例

近年退院援助は，病院ソーシャルワーク業務として大きな位置を占めるようになってきました。しかし，退院援助は所属機関と患者・家族の双方に最善の結果をもたらすことが難しく，それがソーシャルワーカーのジレンマともなっています。そのようななか，T病院では，患者・家族へのプレッシャーの強化を避けながら，事例のようなシステムを作り上げました。

ソーシャルワーカーが病院側の早期退院への期待に応えることは，即患者・家族へのプレッシャーを強化することになりがちです。T病院のソーシャルワーカーは，そのような結果をまねくことを避けながら，どうすれば一日でも在院日数を短くすることができるかということに焦点を当て，過去の退院援助ケースのうち転院ケースについて分析し新たな取り組みを行ないました。

まず6人のソーシャルワーカーは，過去2年間に転院にかかわった全ケース376例の一覧表を作り，転院までの援助に60日以上要したケース67例について，援助に長期間要した要因を探りました。

この要因のなかでソーシャルワーカー側の工夫によって転院までの期間を短縮できる要素について検討し，①受け入れ先に向けてのアクション，②依頼者側に対するアクション，③ソーシャルワーカー自身へのアクションという3つのアプローチを試みました。

① 受け入れ先に向けてのアクション
a. 入院可否の返答に要する時間短縮
　入院相談しても返事に時間がかかるという点に焦点を当て，入院可否

の返答に要する時間短縮をはばむ原因になっている問題を検討。転院を依頼する近隣14病院のソーシャルワーカーと情報交換の場として連絡会を開催。議題の一つに「送り手として，入院相談し返答を待つまでの時間を少しでも減らすためにはどのようにすればいいのか。受け入れ先として，送り手にどのような問題を感じているか」を提案し，一緒に検討。検討の結果，医師の書いた紹介状から感染症等の情報が欠けていることがあり，先方のソーシャルワーカーがその確認に時間がかかるという一つの要素が浮き彫りにされました。そこで受け入れに必要とする情報を網羅できる退院援助用チェックリスト（巻末資料B-1，196頁）を作成し転院の依頼を受けた後，ソーシャルワーカーが医師・看護師に確認しその情報をもとに転院先へ伝えることとしました。

b. ソーシャルワーカー同士のコミュニケーションをよりよくする

連絡会を開催するに当たって，送り手と受け入れ先双方が直接会い話をすることの必要性が認識されました。今まで電話でしか話したことのない関係から顔のわかる関係とすること，コミュニケーションをよりよくすることで双方のつながりを強くすることができました。

② 依頼者側へのアクション

a. もっとも依頼の多い科のカンファレンスに参加

もっとも転院依頼が多く，在院日数も長い神経内科病棟で新たにカンファレンスがスタートすることを聞き，ソーシャルワーカーはすぐにカンファレンスに参加することを申し出ました。ソーシャルワーカーは将来転院援助の必要となりそうなケースを素早くキャッチするほか，毎週1回の会を重ねるにつれ，早期依頼の必要性や有効性を浸透させました。医師や看護師側の認識も深まるとともに，ソーシャルワーカーの報告の受け方や，患者・家族へのアプローチにも変化が見られるようになりました。また，毎週の援助状況を伝えることによって，ソーシャルワーカーと医師・看護師との関係がオープンになり，より強い信頼関係が築けました。

b. 転院の依頼時に紹介状の作成の依頼をする

通常，医師からの転院援助の依頼→患者家族との話し合い→病院探し→転院先より紹介状の依頼→ソーシャルワーカーより医師に紹介状の作成依頼というプロセスをたどります。しかし紹介状依頼から仕上がり

までに数日かかるのが現状でした。そこで，転院の依頼時に宛先名のない紹介状の作成を依頼することで短縮を図りました。

c．医療依存度の高い患者の転院依頼では患者・家族への病状説明の場へ同席を申し出る。

説明の場に同席することにより，医師の話を補うとともにどの部分で患者・家族が理解できていないかを察知し，理解を促すことができました。

d．ソーシャルワーカーに情報がなかなか流れてこない病棟とは，病状の変化や感染症の状況などをよりよく把握する工夫を考える。

病棟との情報交換表（巻末資料C，198頁）のような連絡表を作り，毎週ソーシャルワーカーより援助の経過を報告し，それに対して変化のあったことについての情報をもらうこととしました。

③ ソーシャルワーカー自身へのアクション

a．転院援助ケース一覧表を作成。

ソーシャルワーカー自身が医療依存度の高い患者や，若年の患者などの転院援助に対して「こういうケースは長くかかっても仕方がない」と無意識のうちに考えているのではないかという疑問が持ち上がり，ソーシャルワーカーが転院ケースを記入する一覧表を作成しました。

この表により転院ケースを意識化し，業務の優先順位を考えるさい，高位につけるようにしました。また週一回ミーティングの場で各担当が経過を報告し，ケースをさらにオープンにすることで他のソーシャルワーカーよりアドバイスをもらう機会を増やしました。

b．受け入れ病院開拓のための見学

転院先の選択肢を増やすため，それまではあまり交渉のなかった病院に見学・挨拶に行きました。

c．病院見学への同行

転院するということを受け容れられない患者・家族とともに受け入れ病院への見学に同行し，不安の軽減をはかりました。

このような取り組みの結果，患者・家族へのプレッシャーを強化することなく転院までの日数が大幅に短縮されました。

> **アドバイス**
> ▶一つひとつのケースのソーシャルワーク報告が新たな相談業務の開発につながっていることを意識することが必要です。具体的な事例はソーシャルワーカーの業務をイメージ豊かに伝えます。
> ▶相談以外のソーシャルワーク業務の開発についても検討が必要です。たとえば，患者会の組織化，地域を対象とした予防教室等，ソーシャルワーカーが行なうべき業務は多様です。
> ▶病棟・医局等へ出前レクチャーを積極的に行ない，ソーシャルワーカーがかかわることの有効性を日頃からPRしておくこともスタッフ側の理解の促進に役立ちます。

2. ソーシャルワーク・ニーズを持つ患者のスクリーニング・システムの開発

ソーシャルワーカーは，来談した患者・家族の相談に確実に応じていたとしても，それだけでは機関のなかで十分に責任を果たしているとはいえません。心理・社会的課題を持つ患者・家族を，もれることなく的確に把握する仕組み——スクリーニング・システム——をつくる責任があります。

このようなシステムは，一朝一夕にできるものではありません。ケースをとおしてスタッフとの間に信頼関係を形成したり，ソーシャルワーク業務の広報を行なうなど，日常的な働きかけのなかで，気長にしかし確実に行なっていくことが必要です。

> **手 順**
> ① 所属機関にどのような潜在的なソーシャルワーク・ニードがあるかを認識する（第1節「業務の開発」，178頁に同じ）。
> ② 採用するべきスクリーニング・システムを検討する。

心理・社会的課題を抱えた患者を発見するシステムを，どのように作りあげるかを検討します。スクリーニング・システムには下記のようなものがあります。

（イ）ソーシャルワーカー自身が直接患者と面接してスクリーニングを行なう〈全員面接制〉

　　　もっとも信頼できる形式ですが，時間がかかる点がデメリットとしてあげられます。

（ロ）ソーシャルワーカー自身が面接以外の手段でスクリーニングを行なう〈回診・定例カンファレンスへの出席，病棟管理者・外来責任者との新患カンファレンス，新入院患者のカルテによる確認〉

　　　一例として，前日救命救急センターに受診・入院した患者リストをソーシャルワーカーに回してもらうシステムを作っておき，そこからハイソーシャルリスク患者（無保険，蘇生後脳症などの重大な後遺症を残す疾患名，自殺企図者，身元不明者等）をピックアップするものが考えられます。

　　　（イ）に比較して，時間がかからずソーシャルワーカー自身がスクリーニングを行なえる点がメリットとなります。入院後にソーシャルワーク課題が出現した場合にも対応が可能です。一方で，本人と面接を行なっていないわけですからスクリーニングもれの可能性は出てきます。フォーマットからは想像できない必要情報をいかに得るかが課題となります。

（ハ）ソーシャルワーカー以外のスタッフがスクリーニングを行ない，ソーシャルワーク部門に連絡する。

　　　ソーシャルワーク依頼を受けて援助を開始するという形式のものです。他スタッフがソーシャルワーク業務をどの程度理解しているかがスクリーニング効果を左右します。

どのようなシステムを採用するかは，患者の状況，病院の状況，ソー

シャルワーカーの時間的な制約のなかで判断することが必要です。たとえば，(イ)全員面接制の場合，スクリーニングの効果としては高いのですが，非常に時間をとられます。病床当たりのソーシャルワーカー数が多いこと，療養病床やリハビリテーション病床などのように，高い割合でソーシャルワーク援助が必要な患者がいることなどの条件がそろった場合には有効です。逆に，(ハ)の他専門職がスクリーニングした上で援助依頼を受ける場合，ソーシャルワーカーがスクリーニングに費やす時間は必要なくなり，その分クライエントへの直接援助に時間を振り分けることができます。ただし，この場合，スクリーニングを担当する専門職がソーシャルワーク業務を理解していないと，ニードのある患者が漏れる可能性があります。対策としてたとえば，心理・社会的な課題を抱える可能性の高い患者群（high social risk patient group）のリストを作成して他スタッフに提示する，ソーシャルワーク業務のオリエンテーションを充実させるなどの工夫をします。

③　関連部署に相談する。

　　システムにかかわる診療科・病棟の責任者に相談します。ソーシャルワーカーがかかわることが患者にとって，またスタッフにとってどのようなメリットがあるかを説明できるように事前に準備します。

④　具体的な手順を打ち合わせる。

　　関連部署が必要性を認めたら，関連するスタッフとソーシャルワーカーのおおまかな役割分担と手順について打ち合わせます。大枠がきまらないまま，実行に移すとお互いに不信感をいだく結果となります。しかし，「やってみないとわからない」ことは意外に多いものです。当初の打ち合わせ内容は暫定的であることをお互いに了解します。

⑤　モニタリングを行なう。

　　行なった結果を持ちより，効果が高く，効率が良い方法を模索し，改めてシステムを検討します。

アドバイス

▶スクリーニング・システムの開発はソーシャルワーカーの説明責任（アカウンタビリティ）にかかわることになります。とくに，医療機関という限定された患者を対象に業務を行なっている場合，ニードを持った患者が確実に捕捉される仕組みづくりは責任ある専門職として不可欠な業務です。

巻 末 資 料

A 医療ソーシャルワーカー業務指針

(厚生労働省健康局長通知　健発第 1129001 号)　平成 14 年 11 月 29 日

1. 趣旨

　少子・高齢化の進展，疾病構造の変化，一般的な国民生活水準の向上や意識の変化に伴い，国民の医療ニーズは高度化，多様化してきている。また，科学技術の進歩により，医療技術も，ますます高度化し，専門化してきている。このような医療をめぐる環境の変化を踏まえ，健康管理や健康増進から，疾病予防，治療，リハビリテーションに至る包括的，継続的医療の必要性が指摘されるとともに，高度化し，専門化する医療の中で患者や家族の不安感を除去する等心理的問題の解決を援助するサービスが求められている。近年においては，高齢者の自立支援をその理念として介護保険制度が創設され，制度の定着・普及が進められている。また，老人訪問看護サービスの制度化，在宅医療・訪問看護を医療保険のサービスと位置づける健康保険法の改正等や医療法改正による病床区分の見直し，病院施設の機能分化も行われた。さらに，民法の改正等による成年後見制度の見直しや社会福祉法における福祉サービス利用援助事業の創設に加え，平成 15 年度より障害者福祉制度が，支援費制度に移行するなどの動きの下，高齢者や精神障害者，難病患者等が，疾病をもちながらもできる限り地域や家庭において自立した生活を送るために，医療・保健・福祉のそれぞれのサービスが十分な連携の下に，総合的に提供されることが重要となってきている。また，児童虐待や配偶者からの暴力が社会問題となる中で，保健医療機関がこうしたケースに関わることも決してまれではなくなっている。
　このような状況の下，病院等の保健医療の場において，社会福祉の立場から患者のかかえる経済的，心理的・社会的問題の解決，調整を援助し，社会復帰の促進を図る医療ソーシャルワーカーの果たす役割に対する期待は，ますます大きくなってきている。
　しかしながら，医療ソーシャルワーカーは，近年，その業務の範囲が一定程度明確と

なったものの，一方で，患者や家族のニーズは多様化しており，医療ソーシャルワーカーは，このような期待に十分応えているとはいい難い。精神保健福祉士については，すでに精神保健福祉士法によって資格が法制化され，同法に基づき業務が行われているが，医療ソーシャルワーカー全体の業務の内容について規定したものではない。

この業務指針は，このような実情に鑑み，医療ソーシャルワーカー全体の業務の範囲，方法等について指針を定め，資質の向上を図るとともに，医療ソーシャルワーカーが社会福祉学を基にした専門性を十分発揮し業務を適正に行うことができるよう，関係者の理解の促進に資することを目的とするものである。

本指針は病院を始めとし，診療所，介護老人保健施設，精神障害者社会復帰施設，保健所，精神保健福祉センター等様々な保健医療機関に配置されている医療ソーシャルワーカーについて標準的業務を定めたものであるので，実際の業務を行うに当たっては，他の医療スタッフ等と連携し，それぞれの機関の特性や実情に応じた業務のウェート付けを行うべきことはもちろんであり，また，学生の実習への協力等指針に盛り込まれていない業務を行うことを妨げるものではない。

2．業務の範囲

医療ソーシャルワーカーは，病院等において管理者の監督の下に次のような業務を行う。

（1）療養中の心理的・社会的問題の解決，調整援助

入院，入院外を問わず，生活と傷病の状況から生ずる心理的・社会的問題の予防や早期の対応を行うため，社会福祉の専門的知識及び技術に基づき，これらの諸問題を予測し，患者やその家族からの相談に応じ，次のような解決，調整に必要な援助を行う。

① 受診や入院，在宅医療に伴う不安等の問題の解決を援助し，心理的に支援すること。
② 患者が安心して療養できるよう，多様な社会資源の活用を念頭に置いて，療養中の家事，育児，教育，就労等の問題の解決を援助すること。
③ 高齢者等の在宅療養環境を整備するため，在宅ケア諸サービス，介護保険給付等についての情報を整備し，関係機関，関係職種等との連携の下に患者の生活と傷病の状況に応じたサービスの活用を援助すること。
④ 傷病や療養に伴って生じる家族関係の葛藤や家族内の暴力に対応し，その緩和を図るなど家族関係の調整を援助すること。

⑤ 患者同士や職員との人間関係の調整を援助すること。
⑥ 学校，職場，近隣等地域での人間関係の調整を援助すること。
⑦ がん，エイズ，難病等傷病の受容が困難な場合に，その問題の解決を援助すること。
⑧ 患者の死による家族の精神的苦痛の軽減・克服，生活の再設計を援助すること。
⑨ 療養中の患者や家族の心理的・社会的問題の解決援助のために患者会，家族会等を育成，支援すること。

（2） 退院援助
生活と傷病や障害の状況から退院・退所に伴い生ずる心理的・社会的問題の予防や早期の対応を行うため，社会福祉の専門的知識及び技術に基づき，これらの諸問題を予測し，退院・退所後の選択肢を説明し，相談に応じ，次のような解決，調整に必要な援助を行う。
① 地域における在宅ケア諸サービス等についての情報を整備し，関係機関，関係職種等との連携の下に，退院・退所する患者の生活及び療養の場の確保について話し合いを行うとともに，傷病や障害の状況に応じたサービスの利用の方向性を検討し，これに基づいた援助を行うこと。
② 介護保険制度の利用が予想される場合，制度の説明を行い，その利用の支援を行うこと。また，この場合，介護支援専門員等と連携を図り，患者，家族の了解を得た上で入院中に訪問調査を依頼するなど，退院備準について関係者に相談・協議すること。
③ 退院・退所後においても引き続き必要な医療を受け，地域の中で生活をすることができるよう，患者の多様なニーズを把握し，転院のための医療機関，退院・退所後の介護保険施設，社会福祉施設等利用可能な地域の社会資源の選定を援助すること。
　尚，その際には，患者の傷病・障害の状況に十分留意すること。
④ 転院，在宅医療等に伴う患者，家族の不安等の問題の解決に援助すること。
⑤ 住居の確保，傷病や障害に適した改修等住居問題の解決を援助すること。

（3） 社会復帰援助
退院・退所後において，社会復帰が円滑に進むように，社会福祉の専門的知識及び技術に基づき，次のような援助を行う。

① 患者の職場や学校と調整を行い，復職，復学を援助すること。
② 関係機関，関係職種との連携や訪問活動等により，社会復帰が円滑に進むように転院，退院・退所後の心理的・社会的問題の解決を援助すること。

(4) 受診・受療援助

入院，入院外を問わず，患者やその家族等に対する次のような受診，受療の援助を行う。

① 生活と傷病の状況に適切に対応した医療の受け方，病院・診療所の機能等の情報提供等を行うこと。
② 診断，治療を拒否するなど医師等の医療上の指導を受け入れない場合に，その理由となっている心理的・社会的問題について情報を収集し，問題の解決を援助すること。
③ 診断，治療内容に関する不安がある場合に患者，家族の心理的・社会的状況を踏まえて，その理解を援助すること。
④ 心理的・社会的原因で症状の出る患者について情報を収集し，医師等へ提供するとともに，人間関係の調整，社会資源活用等による問題の解決を援助すること。
⑤ 入退院・入退所の判定に関する委員会が設けられている場合には，これに参加し，経済的，心理的・社会的観点から必要な情報の提供を行うこと。
⑥ その他診療に参考となる情報を収集し，医師，看護師等へ提供すること。
⑦ 通所リハビリテーション等の支援，集団療法のためのアルコール依存症者の会等の育成，支援を行うこと。

(5) 経済的問題の解決，調整援助

入院，入院外を問わず，患者が医療費，生活費に困っている場合に，社会福祉，社会保険等の機関と連携を図りながら，福祉，保険等関係諸制度を活用できるように援助する。

(6) 地域活動

患者のニーズに合致したサービスが地域において提供されるよう，関係機関，関係職種等と連携し，地域の保健医療福祉システムづくりに次のような参画を行う。

① 他の保健医療機関，保健所，市町村等と連携して地域の患者会，家族会等を育成，支援すること。

② 他の保健医療機関，福祉関係機関等と連携し，保健・医療・福祉に係る地域のボランティアを育成，支援すること。
③ 地域ケア会議等を通じて保健医療の場から患者の在宅ケアを支援し，地域ケアシステムづくりへ参画するなど，地域におけるネットワークづくりに貢献すること。
④ 関係機関，関係職種等と連携し，高齢者，精神障害者等の在宅ケアや社会復帰について地域の理解を求め，普及を進めること。

3. 業務の方法等

保健医療の場において患者やその家族を対象としてソーシャルワークを行う場合に採るべき方法・留意点は次のとおりである。

(1) 個別援助に係る業務の具体的展開

　患者，家族への直接的な個別援助では，面接を重視するとともに，患者，家族との信頼関係を基盤としつつ，医療ソーシャルワーカーの認識やそれに基づく援助が患者，家族の意思を適切に反映するものであるかについて，継続的なアセスメントが必要である。

　具体的展開としては，まず，患者，家族や他の保健医療スタッフ等から相談依頼を受理した後の初期の面接では，患者，家族の感情を率直に受け止め，信頼関係を形成するとともに，主訴等を聴取して問題を把握し，課題を整理・検討する。次に，患者及び家族から得た情報に，他の保健医療スタッフ等からの情報を加え，整理，分析して課題を明らかにする。援助の方向性や内容を検討した上で，援助の目標を設定し，課題の優先順位に応じて，援助の実施方法の選定や計画の作成を行う。援助の実施に際しては，面接やグループワークを通じた心理面での支援，社会資源に関する情報提供と活用の調整等の方法が用いられるが，その有効性について，絶えず確認を行い，有効な場合には，患者，家族と合意の上で終結の段階に入る。また，モニタリングの結果によっては，問題解決により適した援助の方法へ変更する。

(2) 患者の主体性の尊重

　保健医療の場においては，患者が自らの健康を自らが守ろうとする主体性をもって予防や治療及び社会復帰に取り組むことが重要である。したがって，次の点に留意することが必要である。

① 業務に当たっては、傷病に加えて経済的、心理的・社会的問題を抱えた患者が、適切に判断ができるよう、患者の積極的な関わりの下、患者自身の状況把握や問題整理を援助し、解決方策の選択肢の提示等を行うこと。
② 問題解決のための代行等は、必要な場合に限るものとし、患者の自律性、主体性を尊重するようにすること。

(3) プライバシーの保護

一般に、保健医療の場においては、患者の傷病に関する個人情報に係るので、プライバシーの保護は当然であり、医療ソーシャルワーカーは、社会的に求められる守秘義務を遵守し、高い倫理性を保持する必要がある。また、傷病に関する情報に加えて、経済的、心理的、社会的な個人情報にも係ること、また、援助のために患者以外の第三者との連絡調整等を行うことから、次の点に特に留意することが必要である。
① 個人情報の収集は援助に必要な範囲に限ること。
② 面接や電話は、独立した相談室で行う等第三者に内容が聞こえないようにすること。
③ 記録等は、個人情報を第三者が了解なく入手できないように保管すること。
④ 第三者との連絡調整を行うために本人の状況を説明する場合も含め、本人の了解なしに個人情報を漏らさないこと。
⑤ 第三者からの情報の収集自体がその第三者に患者の個人情報を把握させてしまうこともあるので十分留意すること。
⑥ 患者からの求めがあった場合には、できる限り患者についての情報を説明すること。ただし、医療に関する情報については、説明の可否を含め、医師の指示を受けること。

(4) 他の保健医療スタッフ及び地域の関係機関との連携

保健医療の場においては、患者に対し様々な職種の者が、病院内あるいは地域において、チームを組んで関わっており、また、患者の経済的、心理的・社会的問題と傷病の状況が密接に関連していることも多いので、医師の医学的判断を踏まえ、また、他の保健医療スタッフと常に連携を密にすることが重要である。したがって、次の点に留意が必要である。
① 他の保健医療スタッフからの依頼や情報により、医療ソーシャルワーカーが係るべきケースについて把握すること。

② 対象患者について，他の保健医療スタッフから必要な情報提供を受けると同時に，診療や看護，保健指導等に参考となる経済的，心理的・社会的側面の情報を提供する等相互に情報や意見の交換をすること。
③ ケース・カンファレンスや入退院・入退所の判定に関する委員会が設けられている場合にはこれへの参加等により，他の保健医療スタッフと共同で検討するとともに，保健医療状況についての一般的な理解を深めること。
④ 必要に応じ，他の保健医療スタッフと共同で業務を行うこと。
⑤ 医療ソーシャルワーカーは，地域の社会資源との接点として，広範で多様なネットワークを構築し，地域の関係機関，関係職種，患者の家族，友人，患者会，家族会等と十分な連携・協力を図ること。
⑥ 地域の関係機関の提供しているサービスを十分把握し，患者に対し，医療，保健，福祉，教育，就労等のサービスが総合的に提供されるよう，また，必要に応じて新たな社会資源の開発が図られるよう，十分連携を取ること。
⑦ ニーズに基づいたケア計画に沿って，様々なサービスを一体的・総合的に提供する支援方法として近年，ケアマネジメントの手法が広く普及しているが，高齢者や精神障害者，難病患者等が，できる限り地域や家庭において自立した生活を送ることができるよう，地域においてケアマネジメントに携わる関係機関，関係職種等と十分に連携・協力を図りながら業務を行うこと。

(5) 受診・受療援助と医師の指示

医療ソーシャルワーカーが業務を行うに当たっては，(4)で述べたとおり，チームの一員として，医師の医学的判断を踏まえ，また，他の保健医療スタッフとの連携を密にすることが重要であるが，なかでも2.の(4)に掲げる受診・受療援助は，医療と特に密接な関連があるので，医師の指示を受けて行うことが必要である。特に，次の点に留意が必要である。

① 医師からの指示により援助を行う場合はもとより，患者，家族から直接に受診・受療についての相談を受けた場合及び医療ソーシャルワーカーが自分で問題を発見した場合等も，医師に相談し，医師の指示を受けて援助を行うこと。
② 受診・受療援助の過程においても，適宜医師に報告し，指示を受けること。
③ 医師の指示を受けるに際して，必要に応じ，経済的，心理的・社会的観点から意見を述べること。

（6） 問題の予測と計画的対応
① 実際に問題が生じ，相談を受けてから業務を開始するのではなく，社会福祉の専門的知識及び技術を駆使して生活と傷病の状況から生ずる問題を予測し，予防的，計画的な対応を行うこと。
② 特に退院援助，社会復帰援助には時間を要するものが多いので入院，受療開始のできるかぎり早い時期から問題を予測し，患者の総合的なニーズを把握し，病院内あるいは地域の関係機関，関係職種等との連携の下に，具体的な目標を設定するなど，計画的，継続的な対応を行うこと。

（7） 記録の作成等
① 問題点を明確にし，専門的援助を行うために患者ごとに記録を作成すること。
② 記録をもとに医師等への報告，連絡を行うとともに，必要に応じ，在宅ケア，社会復帰の支援等のため，地域の関係機関，関係職種等への情報提供を行うこと。その場合，(3)で述べたとおり，プライバシーの保護に十分留意する必要がある。
③ 記録をもとに，業務分析，業務評価を行うこと。

4．その他
医療ソーシャルワーカーがその業務を適切に果たすために次のような環境整備が望まれる。

（1） 組織上の位置付け
保健医療機関の規模等にもよるが，できれば組織内に医療ソーシャルワークの部門を設けることが望ましい。医療ソーシャルワークの部門を設けられない場合には，診療部，地域医療部，保健指導部等他の保健医療スタッフと連携を採りやすい部門に位置付けることが望ましい。事務部門に位置付ける場合にも，診療部門等の諸会議のメンバーにする等日常的に他の保健医療スタッフと連携を採れるような位置付けを行うこと。

（2） 患者，家族等からの理解
病院案内パンフレット，院内掲示等により医療ソーシャルワーカーの存在，業務，利用のしかた等について患者，家族等からの理解を得るように努め，患者，家族が必要に応じ安心して適切にサービスを利用できるようにすること。また，地域社会からも，医療ソーシャルワーカーの存在，業務内容について理解を得るよう努力すること。医療ソ

ーシャルワーカーが十分に活用されるためには，相談することのできる時間帯や場所等について患者の利便性を考慮する，関連機関との密接な連絡体制を整備する等の対応が必要である。

（3） 研修等

　医療・保健・福祉をめぐる諸制度の変化，諸科学の進歩に対応した業務の適正な遂行，多様化する患者のニーズに的確に対応する観点から，社会福祉等に関する専門的知識及び技術の向上を図ること等を目的とする研修及び調査，研究を行うこと。尚，3.(3)プライバシーの保護に係る留意事項や一定の医学的知識の習得についても配慮する必要があること。

　また，経験年数や職責に応じた体系的な研修を行うことにより，効率的に資質の向上を図るよう努めることが必要である。

B-1　退院援助用チェック・リスト（Ⅰ）

退院援助用チェック・リスト

　　　　（　　　　　　　　）様用　　　　　　　　　　年　　月　　日現在
1．意識　※該当する場合のみ記入
　（1）意識状態：
　　　・意識レベル クリアー（YES・NO）
　　　・コミュニケーション：（可・困難・不可）　手段（　　　　　　　）
　　　・従命：（可・不可）
　　　・理解力：（有・少し有・無）
　　　・痴呆：（無・軽度・重度）
　（2）精神状態
　　　・せん妄：（あり・なし）
　　　・昼夜逆転：（あり・なし）
　　　・見当識障害：（あり・なし）
　　　・記銘力障害：（あり・なし）
　　　・問題行動：（不穏・声だし・暴力行為・徘徊・不潔行為・その他　　　　　）
　　　・その他：（　　　　　　　　　　　　　　）
2．ADL状況　※該当する場合のみ記入
　（1）食事：経口（流動・全粥・常食・その他　　　　　　　）／（全介助・一部介助）
　　　　　　　むせこみ（あり・なし）
　　　　　：経管（鼻腔・胃ろう・腸ろう）
　（2）排泄：おむつ・尿器・ポータブル・バルーン・自立・その他（　　　　　　）
　（3）体動：寝たきり（エアマット使用：あり・なし　体位変換　　回／　　時間）
　　　　　　　座位可・車椅子・杖歩行・独歩）／（全介助・一部介助）
3．感染症　※該当する場合のみ記入
　（1）MRSA：（　）既往あり＝最終検出日（　　）／検出材料（　　　）
　　　　　　　（　）既往なし
　　　　　　　（　）検査未施行
　（2）HBs抗原（　）・s抗体（　）・HCV抗体（　）
　（3）緑膿菌：（　）
　（4）ワ氏：（　）
　（5）その他：（　　　　　　　　　　　　）
4．特記事項　※該当する場合のみ記入
　（1）人工呼吸器：（　）・挿管中（　）
　（2）気管切開：あり（吸引頻度　　回／　　時間）・なし
　（3）IVH：（あり・なし）　点滴：（あり・なし）
　（4）インシュリン注射：あり（　　　単位、　　回／日）・なし
　（5）酸素：（　　）ℓ
　（6）褥瘡：あり（部位：　　　　大きさ：　　cm×　　cm）・なし
　（7）特別な薬剤：（　　　　　　　　　）
　（8）その他：（　　　　　　　　　　　　）

　　　　　　　　　　　　　　　　　　　　　記入者名（　　　　　　　　）

B-2　退院援助用チェック・リスト（Ⅱ）

ＡＤＬおよび痴呆の状況報告書

患者様氏名：　　　　　　　様　　（　　年　月　日現在）

Ⅰ　ADLの状況

ADL		自立	要介助	不能	状態・その程度・必要なもの
1. 移動	歩行				杖・つたい歩き・歩行器・見守り要
	車椅子移乗		全・一部		
	車椅子操作		全・一部		
2. 起座			全・一部		30分以上可・背もたれ（要・否）
3. 座位保持			全・一部		30分以上可・背もたれ（要・否）
4. 寝返り			全・一部		
5. 食事			全・一部		経口・鼻腔・胃ろう・中心静脈栄養
6. 排泄			全・一部		ポータブル便器・ベッド上で便器・バルーン・おむつ・尿袋装着
7. 更衣			全・一部		
8. 洗面			全・一部		
9. コミュニケーション		可・ある程度・不可			

Ⅱ　痴呆の状況

　1. 痴呆：有り・無し
　2. 痴呆がある場合はその程度などを具体的に記載してください：

Ⅲ　その他特記事項

記入者名（　　　　　）
職種：医師・看護師・MSW

C 病棟との情報交換表

( ) 病棟・転院方向で援助中の患者様のその後の経過に関する連絡表

年　月　日

氏名	依頼者	担当名	ソーシャルワーカーより病棟へ	病棟よりソーシャルワーカーへ
○山×子様	Dr.Y	○原	ご家族は長期間の入院ができることを希望されています。介護保険の申請をし計画的な長期医療に頭を抱え中です。	わかりました。お願いします。
△田○木様	Dr.A	〃	下病棟で胃瘻造設後1週間位で受けいれできるか返事がこられています。胃瘻造設様子を見て連絡するようになっています。	了解しました。
○川メン子様	Dr.S	〃	E病棟にかかりつけドクターのため、そちらへ転院できないかご家族が希望されており、相談にのられています。	先日長男夫婦に会い、MSW門でご病院へ転院できるかどうか話し合ってみるといと聞きましたが……。
×田○一様	Dr.S	〃	今についてご妻様は自宅療養を希望されていますが退院後再度相談することになっています。	入院10日位前に行って、熱も下がり状態不安定してきますが、転院の状態は未来みられていません。

D フェースシート（表）

ソーシャルワーク記録

1-1

開始　・　・／終了　・　・　　　　　　　　　Case No.
再開　・　・／終了　・　・　　　　　　　　　SW _____
IDNo. _____

氏　名 _____ 様（M・F）　　・　・　歳
住　所 _____ Tel. _____

連絡先 _____ Tel. _____

関係機関 _____ Tel. _____

主治医	科	外来・病棟
入院　　年　　月　　日	退院	年　　月　　日
入院　　年　　月　　日	退院	年　　月　　日

紹介経路（　医師・看護師・その他の職員・関係機関・本人・家族・SW自身・その他　）
＜相談内容＞

病　名： _____
＜病歴・経過＞

医療保険（　　　）介護保険（未・申請中・　　　）身体障害者手帳（　　・　　級）
その他（生保・特定疾患・　　　　　　　　　　）

日本医療社会事業協会

E フェースシート（裏）

1-2

家族状況／生活状況

開始時の状況（　　年　　月　　日）

アセスメント・プラン

終了時の状況（　　年　　月　　日）

日本医療社会事業協会

巻末資料　*201*

F　経過記録用紙

月　日		P.

日本医療社会事業協会

G ソーシャルワーカー依頼・報告書

ソーシャルワーカー依頼・報告書

依頼日・　　年　　月　　日

Pt.No _____

患者氏名 _____ 様　男／女　MTSH　　年　　月　　日生

入院年月日　　年　　月　　日　診療科 _____　病棟 _____　外来

依頼者名 _____（医師　看護師　その他　　　　）

診断名（経過と予後の見通し）

＜依頼項目＞該当する内容にいくつでも○をつけてください　　＜依頼理由＞

1. 退院に関する相談

　　①退院に不安がある、退院先が決定してない
　　②在宅療養のコーディネート
　　　　（往診医・訪問看護・ヘルパー・福祉用具・改修など）
　　③施設や他病院（転院先・通院先）の紹介

2. 経済的問題に関する相談

　　①医療費・生活費などに心配がある
　　②その他

3. 社会保険・福祉制度に関する相談
　　①医療保険・介護保険・年金
　　②特定疾患・小児慢性疾患・身障手帳・更生医療等
　　③障害者福祉・高齢者福祉制度など
　　④その他（

4. 心理的な相談

5. 社会復帰の相談

6. その他（具体的にお書きください）

＜報告＞

　　　　　　　　　　　　　年　　月　　日　担当SW
　　　　　　　　　日本医療社会事業協会

H　ソーシャルワーク依頼票

```
                    ソーシャルワーク依頼票
     7B    病棟  依頼者   ○川×代   医師
           外来                看護師          △田○雄
                              その他
           P. BNo.                            S. 24.05.03  M
```

診断名： 心不全、腎不全

病歴・現症・予後の見通し等： 心不全・腎不全に伴う腹水貯留にて9回目の入院。現在利尿剤、定期的な腹水穿刺にてフォローアップ中です。腎不全あるためコントロール難しく、腹水に関しては外来で定期的に穿刺するほか有効な治療法ない状態。単身であり、金銭面でも週に一度の通院困難とのこと。

依頼内容：該当する内容にいくつでも○をつけて下さい
1. 退院に関して援助が必要
    ① 退院先が決定していない・退院に不安を持っている
    ② 在宅療養の準備
    ③ 転院先(施設を含む)の紹介
2. 経済問題に関して援助が必要
    ① 保険がない
    ② 医療費・生活費・室料差額等の心配がある
    ③ その他(具体的に　　　　　　　　　　　　　　　　　　　　　　　　　　　　)
3. 制度・サービスの利用が必要
    ① 医療保険(高額療養費・継続療養・傷病手当金など)・年金・労災など
    ② 医療費諸制度(生活保護・特定疾患・重度障害者医療など)の利用について
    ③ 介護保険・老人・身障者等のサービス(ヘルパー・ショートステイ・日常生活用具など)利用
    ④ その他(具体的に　　　　　　　　　　　　　　　　　　　　　　　　　　　　)
4. 以下の理由で援助が必要
    ① 単身者もしくはキーパーソンの不在
    ② 生命の危機や高度障害が予想される
    ③ 進行性または予後不良疾患である
    ④ 自殺企図
    ⑤ 特殊な治療を受ける
    ⑥ 虐待が疑われる
5. 入院や治療に対しての不安や迷いを持っている
6. 心理的援助が必要
7. 就労・職業復帰、教育・学業復帰に関しての援助が必要
8. その他(具体的にお書き下さい)

注)ケース取り扱い上の注意・禁忌事項があればお書き下さい。

ソーシャルワーク報告

この方は生活保護受給中ですので、通院のタクシー代も支給されることをご説明しましたが、ご本人はたとえ費用の心配がなくても、タクシーでも40〜50分かかるので身体的につらいとのことでした。
ご本人と相談し、往診医と訪問看護をご紹介することにしました。

① Sクリニック院長が往診を引き受けてくださいました。穿刺の時はクリニックに通院する必要がありますが、タクシーで5分ほどの距離です。クリニック宛ての診療情報提供書を至急作成してください。
② B訪問看護ステーションに訪問依頼しました。先方が○日なら時間がとれるとのことですので、退院時共同指導をしたいと思いますので、よろしくお願いします。
③ 身障1級ですので、ヘルパー導入をおすすめしました。

2003年○月×日 SW　○山

I 日報

日報

年　月　日（　）　　ソーシャルワーカー名：＿＿＿＿＿＿＿　　出勤　：　　退社　：

個別援助

新規区分	ID・氏名	方法				対象					内容											回数	時間	備考
		面接	電話	訪問	文書	その他	本人	家族	ct関係者	院内関係スタッフ	関係機関	その他	医療費等	生活費等	受診	療中	家族関係	院内関係	院外関係	遺族受容	心理社会解釈促進	情報提供	退院後	在宅ケア	住居	復職・復学	その他			

個別援助外援助（個別援助には分類されない援助業務、管理業務）

グループワーク	時間 分	ケースカンファレンス	時間 分	コンサルタント	時間 分
実習指導	時間 分	講義	時間 分	受講	時間 分
スーパーバイズ	時間 分	会議	時間 分	社会的活動	時間 分
その他	時間 分				

日本医療社会事業協会

J 病院チェック・リスト

（一般病院用）	
病院名	
所在地 交通の便	最寄り駅：　　　線　　　駅、バス　分、徒歩　分 駅前・交通の便良い・不便・大変不便・交通費高くつく
電話	
MSW	有　名前（　　　　　　　　） 無　入院相談担当者（　　　　　　）
対応可能	気管切開・NG・IVH・人工呼吸器・HD・ターミナル 感染症（MRSA・疥癬、その他） 痴呆（徘徊・不穏・暴力行為） 労災・若年・ その他（　　　　　）
リハ機能 入浴	PT・OT・ST・マ
入院期間	短期・3－6月程度・1年以内・特に決めていない
費用	保険・老保負担分のみ おむつ込み おむつ無し 差額ベッド その他の費用（　　　　　　　）
待機期間	
特色	
コメント	 記入年月日　　年　月　日・記入者（　　　）

執筆者一覧

編著者

大本 和子：元東海大学医学部付属病院総合相談室長，ソーシャルワーカー
　　　　　（2章・3章・4章・11章担当）
笹岡 眞弓：文京学院大学人間学部人間福祉学科助教授
　　　　　（1章・7章・9章担当）
高山恵理子：上智大学総合人間科学部社会福祉学科助教授
　　　　　（5章・6章・8章・10章・12章担当）

job description project team メンバー

大本 和子：前出
笹岡 眞弓：前出
高山恵理子：前出
原田とも子：NTT東日本関東病院ソーシャルワーカー
加島　　明：慶応義塾大学病院ソーシャルワーカー
倉田 知子：しんど老人保健施設副施設長
塩田 哲也：東海大学医学部付属八王子病院ソーシャルワーカー
宮本 光恭：東名厚木病院法人本部

新版 ソーシャルワークの業務マニュアル

2004年5月15日　第1刷発行
2007年4月10日　第3刷発行

|編著者|大本和子|
|笹岡眞弓|
|高山恵理子|

発行者　加　清　　鍾

発行所　㈲　川　島　書　店

〒 160-0023
東京都新宿区西新宿 7-15-17
電話 03-3365-0141
（営業）電話 048-286-9001
FAX 048-287-6070

© 2004
Printed in Japan

印刷・製本　㈱中央印刷

落丁・乱丁本はお取替いたします　　振替・00170-5-34102

＊定価はカバーに表示してあります

ISBN 978-4-7610-0802-4　C 3036

異文化間ソーシャルワーク

石河久美子 著

日本に滞在する外国人が増加し「多文化共生社会」という言葉が定着しつつある現在、ソーシャルワークのクライエントは日本人だけでないことを認識する必要がある。滞在外国人の生活問題という新しく浮上した課題を明らかにし、具体的な支援方法を示す。　★A5・198頁 定価3,500円
ISBN 4-7610-0776-1

保健医療ソーシャルワーク実習

日本医療社会事業協会 監修　福山和女 責任編集

理論篇では実習教育について定義や枠組みについて述べ、実際篇ではこの理論的基盤に立って実習指導を行なうための具体的手続き、指導の内容を記述し、さらに事例篇では患者本人や家族の事例を取り上げ、実習指導上それらをどのように活用するか例示。　★B5・176頁 定価2,625円
ISBN 4-7610-0763-X

医療ソーシャルワーカーの仕事

荒川義子 編著

医療ソーシャルワーカーが集まり、新人ワーカーの訴えや悩みを聞き、先輩がそれについてのコメントや助言をしたり、失敗談などを話し合うなかから、医療ソーシャルワーカーの仕事の内容を明確にしようと、現場の実践経験と知恵を盛り込んで編まれた身近なハンドブック。　★A5・178頁 定価1,890円
ISBN 4-7610-0731-1

医療ソーシャルワーク実践50例

大本和子・田中千枝子・大谷昭・笹岡眞弓 著

医療現場で長年の実践体験を持つ執筆者らが協働して、医療におけるソーシャルワークの有用性を示す典型的な実践事例を選び出し、事例の要点とソーシャルワークの基本的視点より考察する。医療ソーシャルワーカーのみならず、学生のための基本の書。　☆A5・250頁 定価2,625円
ISBN 4-7610-0687-0

新版 ソーシャルワークの業務マニュアル

大本和子・笹岡眞弓・高山恵理子 編著

「医療法」の改正、「介護保険法」の施行、またインターネットの普及、職場のIT化など、さまざまな環境の変化により、現今のソーシャルワーク業務は大きく変化し、内容も実態にそぐわない点が目につくようになったため、今回大幅な改訂を行なった。　★A5・206頁 定価2,625円
ISBN 4-7610-0802-4

川 島 書 店

http://kawashima-pb.kazekusa.co.jp/　　（定価は2006年12月現在）

ソーシャルワーク実践理論の基礎的研究
小松源助 著

ソーシャルワークの「歴史的遺産」の中から著者が特に重要視しているものについて再検討を加えた論文と「家族中心ソーシャルワーク」について最も重要だと自認している諸論文とを収録。そのいずれもが、ソーシャルワーク実践研究の基本文献として重要。　★A5・272頁 定価3,675円
ISBN 4-7610-0754-0

ソーシャルワーク実践と課題中心モデル
伊藤冨士江 著

課題中心モデルの理論的・社会的背景をふまえながら、徹底した文献研究を行なうことによってその全体像を明らかにし、さらにわが国のソーシャルワーク実践における課題中心モデルの適用の可能性についても検討。ソーシャルワーク実践研究・教育の基礎文献。　★A5・230頁 定価3,150円
ISBN 4-7610-0750-8

人―環境のソーシャルワーク実践
S.ケンプ/J.ウィタカー/E.トレーシー　横山穣・北島英治・久保美紀・湯浅典人・石河久美子 訳

個人・家族・小グループ・近隣にまでおよんで援助している多くのソーシャルワーカーに、環境を志向する実践の基本的な枠組みと、環境アセスメントと環境介入の実践的な指導を提示する。人―環境（person-environment-practice）の新しい福祉実践の展開。　★A5・288頁 定価2,940円
ISBN 4-7610-0712-5

危機介入の理論と実際
ドナC.アギュララ　小松源助・荒川義子 訳

現代社会が要請する危機介入、援助活動の理論を展開し、それに基づく実践方法論について体系的、具体的に述べる。薬物依存、児童虐待、セクハラなどの社会問題やライフステージ上の危機（エイズ、心的外傷後ストレス障害など）に焦点を当てた第7版の全訳。　★B5・304頁 定価3,570円
ISBN 4-7610-0603-X

ソーシャル・ワークを考える
高橋重宏・宮崎俊策・定藤丈弘 編著

わが国の社会福祉制度は一応の形成と確立をみたとはいえ、多様化、高度化した市民の非貨幣的福祉ニーズに対応するには、ソーシャル・ワーク技術の一層の充実が望まれている。ソーシャル・ワーク専門技術を体系的に紹介、解説した社会福祉の方法と実践の書。　★A5・254頁 定価2,100円
ISBN 4-7610-0234-4

川島書店

http://kawashima-pb.kazekusa.co.jp/　　（定価は2006年12月現在）

社会福祉基本用語辞典
日本社会福祉実践理論学会 編

初めて社会福祉を学ぶ人や社会福祉士・介護福祉士国家試験を受験する人また福祉専門職をめざす学生・現場従事者の必携書。社会福祉の方法・援助技術をコンパクトに解説した姉妹書『新版 社会福祉実践基本用語辞典』と併せて活用されたい。　　　　　　☆ A5・262頁 定価 2,520円
ISBN 4-7610-0573-4

新版 社会福祉実践基本用語辞典
日本社会福祉実践理論学会 編

社会福祉の方法・援助技術の分野で〈社会福祉実践の基本概念・用語の統一を図る〉わが国初めての用語辞典として好評を得た改訂版に、今回新たな項目を大幅に追加した新版。社会福祉士・介護福祉士国家試験や福祉専門職を目指す学生・現場従事者の座右の書。　★ A5・198頁 定価 2,520円
ISBN 4-7610-0806-7

学習と研究と実践のための 介護・福祉・保健・医療 最新基礎用語集
白佐俊憲 編著

好評を博した「介護・保健・福祉関連最新基礎用語集」の刊行から3年を経過して、関係法律の改正や新制定などあり、更に関連の官庁・法律・施設・職種・疾病の名称変更にも対応して新語も加え一層の充実をはかった5800語を収録の基本的・実践的な必携書。　☆ A5・454頁 定価 2,783円
ISBN 4-7610-0758-3

六訂版 福祉制度要覧
社会資源研究会 編著

内容　Ⅰ医療保障　医療保険/公費負担ほか　Ⅱ所得保障など　年金保険/税金/労働者災害補償保険/生活保護ほか　Ⅲ障害者（児）の福利制度　教育/日常生活の援助/施設/職種/住宅/移動ほか　Ⅳ高齢者の福祉制度　高齢者の医療・保健/施設/職業/住宅サービス/社会活動ほか　Ⅴ子ども・家庭の福祉制度　施設/日常生活の援助/住宅ほか　Ⅵ関係機関など　福祉事務所/心身障害関係団体など　Ⅶ全国福祉制度〔障害者（児）・高齢者・子ども〕　道府県・政令指定都市別福祉事業一覧ほか

第一版刊行以来、ソーシャルワーカーなど福祉関係従事者をはじめ、学生やボランティア、障害者と老人その家族らに、身近な手引として広く迎えられ活用されてきた内容を、今回さらに障害者プランの策定、児童福祉法の改正などを承けて全面改訂。この六訂版にあたっては、新たに子ども・家庭の福祉制度を設けたこと、介護保険法施行を考慮し、現行制度がどのように変化するかを盛りこんだ。　☆ B5・648頁 定価 5,985円
ISBN 4-7610-0693-5

川 島 書 店

http://kawashima-pb.kazekusa.co.jp/　　（定価は 2006年12月現在）